Arena-Taschenbuch
Band 0371

W0058477

solle, ergab es sich, dass alle bleiben wollten, wo sie waren. Das heißt, nicht alle! Ein einziger Ritter war der Meinung, man müsse weiterreiten. Dieser einzige war – der Herzog hätte es eigentlich vorher wissen können –, dieser einzige war Sir Oblong-Fitz-Oblong, der kleine, dicke Ritter.

»Ja, aber warum denn?«, fragte ihn der Herzog.

Oblong räusperte sich verlegen und erklärte: »Ich meine, Durchlaucht, jetzt, da alles in Ordnung ist, müssten wir anderswohin, dorthin, wo Menschen geplagt werden, wo Not herrscht . . .«

Etwas unwillig unterbrach ihn der Herzog: »Hier ist noch mancherlei zu tun, mein guter Oblong!«

»Gewiss, gewiss!«, gab Oblong zu. »Ich weiß aber leider nicht, was!«

»Das werden wir beim Abendessen besprechen«, entschied der Herzog und ließ abstimmen, ob man gebratene Enten und Erdbeeren mit Sahne auftragen lassen solle. Weil alle mit dem Vorschlag einverstanden waren, erklärte der Herzog: »Die Verhandlung über die Frage ›Hier bleiben oder weiterreiten‹ wird einstweilen vertagt!«

Es wird jeder leicht begreifen, dass die Ritter den guten Oblong als lästig empfanden, obwohl sie ihn sehr gut leiden mochten, ja sogar bewunderten, so wie man eben einen edelmütigen, tapferen und wahrhaftigen Mann bewundert. Deshalb hätten sie es nicht ungern gesehen, wenn er allein weitergeritten wäre; seine Mahnung und sein gutes Beispiel bedrückten sie im Stillen.

Wie aber sollte man es fertig bringen auf gute Art den freundlichen Ritter auf die Straße zu befördern? Sir Juniper Berry, der soeben ernannte Oberhofmarschall, hatte den erlösenden Einfall. Seine wichtigste Aufgabe war der tägliche Speisezettel. Den legte er dem Herzog zur Genehmigung oder, wenn es dem Herrn so gefiel, den Rittern zur Abstimmung vor.

Eine solche Speisezettel-Beratung nahm der listige Mann zum Anlass den Herzog recht deutlich spüren zu lassen, wie sehr die Gegenwart Oblongs sie alle bedrücke und wie gut es deshalb für das gesamte Schlossleben sei, wenn man von dieser Last befreit wäre.

Als nämlich der Herzog sich von der Speisenfolge entzückt zeigte und Juniper Berry als den richtigen Mann auf diesem schweren Posten bezeichnete, dankte Juniper ergebenst und sagte, den besten Gang kenne Durchlaucht noch gar nicht.

Erstaunt forschte der Herzog weiter: »Und was soll es noch geben?«

»Ihr Lieblingsgericht!«, erwiderte Sir Juniper.

»Gefüllte junge Dohlen?«, rief der Herzog.

»Gefüllte junge Dohlen!«, bekräftigte Juniper, und dann seufzte er tief.

»Das ist ja wunderbar!«, schwärmte der Herzog. »Aber warum seufzen Sie so herzergreifend?«

»Soll ich nicht seufzen«, sagte Juniper, »wenn ich meinem Herzog nicht sein Lieblingsgericht, gefüllte Dohlen, bieten kann, obwohl es im Schlossturm von den schwarzen Vögeln so viele gibt, dass wir uns ohne weiteres eine Dohle pro Kopf leisten könnten – das heißt, für Sie, Durchlaucht, natürlich mindestens drei? Soll ich da nicht seufzen?«

Als dann der Herzog ungeduldig wissen wollte, wer oder was ihn denn nur hindere, diesen menschenfreundlichen Plan zu verwirklichen, erwiderte Juniper: »Des ehrenwerten Ritters Oblong-Fitz-Oblong große Liebe zu den Tieren.«

»Wahrhaftig!«, rief der Herzog. »Das hatte ich vergessen. Er nennt sie ja seine kleinen Freunde, die Dohlen!«

»So ist es!«, stimmte Juniper bekümmert zu. »Er spricht sogar mit ihnen.«

»Spricht mit ihnen?«, staunte der Herzog. »Wissen Sie, Juniper, manchmal befürchte ich, Oblong ist nicht mehr ganz richtig im Kopf. Aber das hilft uns jetzt nicht weiter! Ihn aber einzuladen mit uns gemeinsam seine Freunde zu verspeisen, das ist unmöglich, das ist ganz unmöglich, das bringe ich nicht übers Herz!«

Das war der Punkt, zu dem der Oberhofmarschall den Herzog mit heimlicher List hatte lenken wollen.

»Vielleicht, Durchlaucht«, sagte er zögernd, »vielleicht gibt es doch noch ein Mittel an die Dohlen heranzukommen, ohne dass Oblong sich deshalb grämen muss.«

Fragend blickte der Herzog den Oberhofmarschall an, mit neu keimender Hoffnung.

Sir Juniper lächelte und fuhr fort: »Wie wäre es, wenn der Herzog den ehrenwerten Ritter, der sich ohnehin hier nicht mehr wohl fühlt, mit einem schönen, stolzen Auftrag für eine Zeitlang auf Fahrt schickte? Zum Beispiel . . .«

»Zum Beispiel?«, fragte schnell der Herzog.

»Zum Beispiel auf die Bolligru-Insel!«

»Glauben Sie, er wird gehen?« Der Herzog machte ein zweifelndes Gesicht.

Berry nickte zuversichtlich. »Wenn Sie ihn zum Königlich-Fahrenden Ritter ernennen, dann wird er stolz und glücklich sein Pferd satteln und heute noch Abschied nehmen.«

Die Augen des Herzogs funkelten begierig: »Und dann gibt es gefüllte junge Dohlen?«

»Dann gibt es herrliche Dohlen, knusprig und zart!«, versprach mit freudig bewegter Stimme der listige Speisezettelritter.

»Lassen Sie Oblong sofort kommen!«, befahl der Herzog. Der Ritter erschien unverzüglich und die Unterredung mit ihm wurde vom Schlossschreiber genau mitgeschrieben, in herzoglicher Kurzschrift, Wort für Wort. Sie verlief folgendermaßen:

Herzog: »Da sind Sie ja, mein Lieber! Ja – nehmen Sie doch Platz. Ja – wir sprachen gerade von Ihnen, müssen Sie wissen. Und ich hätte gern Ihren Rat. Ja – was halten Sie von einer Fahrt zu der Bolligru-Insel?«

Oblong: »Das ist ein ausgezeichneter Gedanke! Wann sollen wir aufbrechen, Durchlaucht?«

Herzog: »Ja – das ist die Frage! Ich dachte eigentlich an – eine Ein-Mann-Expedition –«

Oblong: »Eine Ein-Mann-Expedition? Etwa ich allein –?«

Herzog: »Ja – Sir Juniper schlug soeben vor, dass – Sie vielleicht . . .«

Oblong: »Soso, Sir Juniper! – Na ja, sehr liebenswürdig von dem Herrn! –«

Herzog: »Übrigens bin ich derselben Meinung, lieber Oblong! Sie sind der Mann für solche Abenteuer!«

Oblong: »Sehr gütig, Durchlaucht! Aber ich glaube, ich muss Sie bitten, mit mir nicht zu rechnen.«

Herzog: »Ja, aber warum denn nicht?«

Oblong: »Ich bitte um Vergebung, aber ausgerechnet die Bolligru-Insel! Wo dieser böse Baron die Kirche in Brand gesteckt hat!«

Herzog: »Wirklich? Das wusste ich gar nicht!«

Juniper: »Gerüchte, Durchlaucht! Wahrscheinlich alles Übertreibung!«

Oblong: »Wahrscheinlich keine Übertreibung! Und einen Drachen gibt es dort auch.«

Juniper: »Ja, aber einen ganz armseligen, soweit ich unterrichtet bin.«

Oblong: »Nein, nein, Juniper! Einen von den ganz großen schwarzen, mit zwei oder drei Schwänzen!«

Herzog: »Um so mehr Grund, dass jemand hinfährt, der ihm mitsamt dem Baron ein Ende macht! Jawohl, mein Oblong! Eine Rettungsaktion ist dringend nötig. Und die Kirche muss wieder aufgebaut werden, als Erstes!«

Juniper: »Wenn der Ritter nun aber durchaus nicht mag, Durchlaucht! Ich meine, dann sollte man ihn nicht drängen. – Übrigens, Durchlaucht, man berichtete mir noch, der Baron verbrächte seine meiste Zeit auf der Jagd –«

Oblong: »Was jagt er denn?«

Juniper: »Oh, alles, was kreucht und fleucht, wie: Füchse, Dachse, Bären, Tauben . . .«

Oblong: »So ein Schuft!«

Juniper: »Und Hasen natürlich, niedliche, bange Häslein!«

Oblong: »Bestie!«

Juniper: »Durchlaucht, hatten Sie nicht vor Oblong zum Königlich-Fahrenden Ritter zu ernennen, falls er die Aufgabe übernehmen sollte?«

Herzog: »Das ist selbstverständlich! Er müsste dann den großen Purpurmantel tragen, den Umhang mit dem aufgestickten Königswappen und so weiter.«

Oblong: »Nun ja, und was ich sagen wollte, stimmt das genau, dass dieser Bolligru ein grausamer Jäger ist?«

Juniper: »Das stimmt genau, denn er schießt alles tot, was ihm vor die Büchse kommt!«

Oblong: »Dann gehe ich, Durchlaucht! Ich nehme Ihren Auftrag an!«

Klaus Kordon

Der Ritter im Sack oder Wie man aus einem Heiden einen Christen macht

Die Havel ist vielleicht der schönste Fluss der Welt. Und wenn nicht der schönste, dann zumindest der zweitschönste. Das ist nicht erst seit heute so, das war schon vor über tausend Jahren so, zu jener Zeit nämlich, in der die Völker Europas durcheinander wanderten, weil sie ihrer angestammten Plätze müde geworden waren. Damals lebte ein Germanenstamm an den Ufern der Havel, der im Lauf der Zeit wohl blind geworden war für die Schönheit der Havellandschaft mit ihren Wäldern, Sümpfen, Mooren und Seen und eines Tages nach Süden zog um etwas Neues für sich zu entdecken. Irgendwann danach kam ein anderer Stamm durch das frei gewordene Land, fand es überaus schön und ließ sich dort nieder. Das waren die Wenden, ein slawischer Volksstamm, der nun schon ziemlich lange unterwegs war und endlich zur Ruhe kommen wollte.

Die Wenden entwässerten die Moore und Sümpfe, bauten sich aus dem Holz der Wälder gemütliche Siedlungen und lebten friedlich als Bauern und Fischer mitten zwischen all den Germanenstämmen. Das ging einige Jahrhunderte lang gut – bis die Germanen zu Christen geworden waren, sich Deutsche nannten und alle Welt zu ihrem Gott bekehren wollten. Die Wenden jedoch beteten seit jeher nur die Natur- und Wassergeister an, was die Christen als Götzendienst empfanden, denn in ihrer Bibel heißt es: »Du sollst nicht andere Götter haben neben mir.«

Nun ist das aber mit der Bekehrung Andersgläubiger stets so eine Sache. Meistens wird es zuerst im Guten versucht, dann, wenn es nicht gefruchtet hat, mit Gewalt. Und dabei geschieht es oft, dass man sich gegenseitig zu Tode bringt, und der Hass wächst – auf der einen Seite gegen die fremden Missionare und den fremden Gott, auf der anderen gegen die, die sich nicht bekehren lassen wollen, weil sie ihr »Glück« nicht erkennen.

Ob es heute noch so was gibt? Leider viel zu oft. Und zwar weit weg von uns – und direkt vor unserer Haustür. Wer gut hinschaut, kann es sehen.

Aber zurück ins Damals. Da die Wenden trotz aller Bekehrungsversuche weiter an ihre Natur- und Wassergeister glaubten, versuchten die Christen tatsächlich bald, die wendischen Heiden mit Gewalt zu ihrer Kirche zu bekehren. Es kam zu Kämpfen, die viele Opfer kosteten – bis der Wendenfürst Pribislav dem Gemetzel ein Ende bereitete, indem er »freiwillig« zum Christentum übertrat und sich von nun an Heinrich nannte. Und wie von Pribislav-Heinrich erhofft, waren die Christen damit zufrieden, wenn die Wenden nur brav ihre Kirchensteuer zahlten.

Alles wäre gut, alles wäre schön gewesen – zumindest für die Christen –, wenn nicht dieser Pribislav-Heinrich einen Neffen gehabt hätte, einen rechten Feuerkopf namens Jaczo von Köpenick, der mit diesem Schritt nicht einverstanden war und wie so viele seines Stammes lieber als Heide sterben, denn als Christ leben wollte. Schließlich hatten er und die Seinen ja gesehen, wie brutal und unbarmherzig die Christen gegen sie vorgegangen waren. Sollten sie da etwa an den barmherzigen Christengott glauben?

Der Wendenfürst Pribislav-Heinrich wusste um die Gedanken seines Neffen und da es ihm nicht gelang, dem jungen Mann begreiflich zu machen, dass die Wenden gegen die Übermacht der Christen nicht bestehen konnten, vererbte er, als er starb, sein Land nicht seinem Neffen, sondern jenem Albrecht dem Bären, der ihn zum Christentum »bekehrt« hatte. Er tat dies, weil er verhindern wollte, dass sein Neffe Jaczo die Wenden in neuen Kämpfen gegen die Christen aufrieb.

Albrecht der Bär nahm das Land der Wenden in seinen Besitz und wurde Markgraf von Brandenburg. Doch lange hielt es ihn nicht an der Havel, schon bald zog es ihn ins sonnige Italien und Jaczo sah die lang herbeigesehnte Stunde für gekommen an. Er versammelte alle seine Getreuen um sich, bestach die Brandenburger Stadtwache, die größtenteils aus Wenden bestand, und nahm die Stadt im Handstreich ein um von dort aus das Land der Wenden zu regieren und dafür Sorge zu tragen, dass alle Wenden wieder ihrem Glauben nachgehen konnten.

Natürlich blieb das nicht lange so. Albrecht der Bär hörte von Jaczos Rebellion, rief ein riesiges Heer zusammen und rückte gegen Brandenburg vor. Und damit kam es genau zu dem, was der alte Fürst Pribislav-Heinrich hatte verhindern wollen, nämlich zu schlimmen Kämpfen mit schmerzlichen Verlusten. Und der junge Heißsporn Jaczo musste wohl oder übel einsehen, dass seine tapferen Kämpfer zwar jeder für drei reiten, fechten und kämpfen konnten, nicht aber für dreißig. Das letzte Häuflein seiner Getreuen um sich scharend flüchtete er schließlich aus Brandenburg in die Spandauer Gegend.

Albrecht der Bär aber wusste ganz genau, dass es keine Ruhe an der Havel geben würde, solange Jaczo noch lebte, deshalb hetzte er seine Truppen hinter den Fliehenden her. Die erreichten Jaczo und seine Getreuen kurz vor dem Dorf Spandau und stellten sie zum Kampf. Und kämpften, ritten und fochten Jaczo und seine Mannen diesmal für zehn, so hätten sie für tausend geradestehen müssen, wenn sie der Übermacht standhalten wollten. Einer nach dem anderen sank mit klaffendem Schädel in den märkischen Sand, einer nach dem anderen folgte dem Schwur, lieber sterben zu wollen als Christ zu werden – bis allein Jaczo übrig blieb. Der jedoch wollte sich seinem Schicksal nicht ergeben. »Folgt mir, ihr Christenhunde!«, schrie er und hetzte vor Albrechts Häschern her, die dem Markgrafen gar zu gerne Jaczos abgeschlagenen Kopf gebracht hätten. Jaczo aber konnte weder nach rechts noch nach links ausbrechen, weil von allen Seiten die Christen herangejagt kamen, musste sein Roß also geradewegs auf die Havel zutreiben – und ritt dabei ohne es zu merken auf eine Landzunge hinaus. Nun lag rechts und links von ihm und vor ihm nur der Fluss – und hinter ihm hetzten die christlichen Ritter heran, die er schon frohlocken hörte: »Er steckt im Sack. Wir haben ihn.«

So mancher tapfere Mann hätte sich eingedenk der schweren Ritterrüstung, mit der er ja nicht schwimmen konnte, seinen Feinden nun wohl endlich ergeben, nicht aber der Tollkopf Jaczo. Obwohl die Landzunge hoch über dem Wasser lag und der Abhang steil nach unten abfiel, gab er seinem Pferd die Sporen – und stürzte sich mit ihm in den Fluss.

Und während die Christen am Ufer die Pferde zügelten und über den dummen Jaczo lachten, weil der, den sie nicht erschlagen konnten, nun eben ertrinken würde, schwamm Jaczos wackeres Roß mit seinem schweren Herrn auf dem Rücken tapfer vorwärts. Doch schon bald merkte Jaczo, dass sein Pferd mit ihm auf dem Rücken gegen das Wasser verlieren musste, und er glitt aus dem Sattel und ließ es nur noch Schild und Schwert tragen. Dabei hielt er sich mit einer Hand an der Mähne fest, mit der anderen und seinen beiden Beinen schwamm er nebenher. Und das mit dem schweren Harnisch um den Leib, den eisernen Schienen an den Beinen und dem Helm auf dem Kopf! Wen wundert es, dass er schließlich doch verzagte und glaubte jämmerlich ersaufen zu müssen?

Und wie er da so seine Not mit sich hatte, kam ihm der Gedanke die Stärke des Christengottes einmal auszuprobieren und ihm einen Handel vorzuschlagen.

»Höret, Ihr Gott der Christen!«, rief er, dass es über die Havel schallte. »Wenn Ihr wirklich stärker seid als unsere Natur- und Wassergeister, so beweist es und rettet mich. Dann will ich wohl ein Christ werden. Wenn aber unsere alten Wendengeister stärker sind, so sollen sie mich hinabziehen in den Fluss, dann will ich für sie sterben.« Und in dem Augenblick, da er diesen Schwur getan hatte, spürte er Grund unter den Füßen und sein Pferd watete mit ihm auf eine flache Landzunge hinauf.

»Also hatte der alte Pribislav doch Recht«, gedachte der Neffe seines weisen Oheims, während er seine Siebensachen in der Sonne trocknen ließ. »Ihr seid wirklich ein starker Gott, Ihr Herr der Christen. Wenn Ihr auch ungerecht und grausam seid, so kann Euch doch niemand dafür bestrafen.« Und getreu seinem Schwur ritt Jaczo, sowie seine Sachen getrocknet waren und er sich ein wenig von der Anstrengung erholt hatte, ins nächste christliche Kloster und ließ sich taufen. Seinen Schild aber hängte er an der Stelle, wo er das rettende Ufer erreicht hatte, in die Zweige einer mächtigen Eiche. Und weil die Landzunge, die ihn gerettet hatte, die Form eines Horns hat, heißt sie seit jener denkwürdigen Havelüberquerung Schildhorn. Ein Denkmal gibt es übrigens inzwischen auch dort. Und Jaczos tapfere Mannen? Sind sie also umsonst gestorben? Ich weiß es nicht. Soll man sich denn immer alles gefallen lassen?

Doch dass nichts und niemand die Bekehrung der heidnischen Wenden aufhalten konnte, das wissen wir heute sicher. Zwar leben noch ein paar von ihnen auf ihren angestammten Plätzen im Spreewald und sprechen, wenn sie Lust dazu haben, auch ihre alte Sprache, doch ihre Natur- und Wassergeister kommen nur noch in ihren Sagen und Märchen vor. Was allerdings die wenigsten wissen, ist, dass wir, die Christen, viele ihrer alten heidnischen Bräuche übernommen haben – zum Beispiel die Sonnwendfeiern im Juni und im Dezember. Ob sich der liebe Gott ein bisschen darüber ärgert, wenn wir dann tanzend und singend und johlend um Mitternacht durchs Feuer hopsen? Ich hoffe es.

Erich Kästner

Der Kampf mit den Windmühlen

Vierzehn Tage musste der Ritter das Bett hüten und die Haushälterin dachte schon, er habe von seinen Abenteuern genug. Doch eines schönen Morgens war er wieder verschwunden! Aber diesmal nicht nur er und das Pferd, sondern auch sein Nachbar Sancho Pansa, ein verheirateter Bauer, mit einem Esel. Sancho Pansas Frau kam samt den Kindern zu Don Quichottes Haushälterin und der Nichte gelaufen und sie weinten und schimpften durcheinander, dass das Haus widerhallte.

Was, um alles in der Welt, war Sancho Pansa eigentlich eingefallen den verrückten Ritter zu begleiten? War denn auch in seinem Bauernschädel etwas nicht ganz in Ordnung? Nun, verrückt war der kleine, dicke Bauer nicht, aber er war offen gestanden ziemlich dumm. Und als ihm Don Quichotte erzählt hatte, er wolle Provinzen, Inseln und Königreiche erobern und ihn, den Knappen und Stallmeister, zum Grafen oder Herzog machen, wenn nicht gar zu einem König, da hatte der kleine Dicke nicht widerstehen können.

Wie sie so dahinritten, sagte Sancho Pansa nachdenklich: »Ein König wäre ich ja recht gern. Doch dann würde meine Frau eine Königin und ich glaube, das liegt ihr nicht. Für so einen Posten ist sie nicht fein genug. Macht mich zu einem Grafen. Dann wird sie eine Gräfin. Das kriegt sie vielleicht hin.« – »Sei nicht so bescheiden!«, antwortete der Ritter. »Man muss Großes wollen! Ich mache dich mindestens zum Gouverneur, und damit basta!« – »Na schön«, meinte Sancho Pansa, »macht mich zum Gouverneur und meine Frau zur Gouverneuse! Das Gouvernieren werden wir schon lernen!« Damit schnallte er den Weinschlauch vom Sattel seines Esel los und trank einen kräftigen Schluck.

Gegen Abend näherten sie sich einem Hügel, auf dem dreißig bis vierzig Windmühlen standen. Da stellte sich Don Quichotte in die Steigbügel und rief: »Siehst du die Riesen auf dem Hügel?« Sancho Pansa kaute gerade auf etwas Brot und Schinken und sagte: »Riesen? Auf dem Hügel? Ich sehe nur Windmühlen!« – »Riesen!«, rief der Ritter. »Und jeder hat vier Arme!« – »Nein«, sagte der Stallmeister kauend. »Es sind Windmühlen und jede hat vier Flügel!« Doch da legte sein Herr und Gebieter auch schon die neue Lanze ein, rief zum Hügel: »Im Namen der Dame Dulzinea von Toboso, ergebt euch!«, und gab Rosinante die Sporen.

Als Don Quichotte die erste Windmühle erreicht und die Lanze voller Wucht in einen Windmühlenflügel gebohrt hatte, kam plötzlich ein Wind auf. Die Flügel begannen sich zu drehen. Die Lanze zersplitterte. Und Ross und Reiter flogen in hohem Bogen durch die Luft und ins Feld.

Dort blieben beide liegen, als hätten sie sämtliche Knochen gebrochen! Sancho Pansa trabte erschrocken näher und rief schon von weitem: »Habt Ihr große Schmerzen?« Da setzte sich Don Quichotte mühsam auf und sagte stolz: »Ritter haben keine Schmerzen. Und wenn sie doch einmal welche haben, klagen sie nicht.« – »Wie gut, dass ich kein Ritter bin!«, rief der kleine Dicke und half den beiden auf die Beine.

Als sie schließlich weiterritten, hing der Ritter schief und krumm im Sattel und der Gaul humpelte und kam kaum vom Fleck. Weil es außerdem dunkel wurde, beschlossen sie zu kampieren und ließen sich in einem Steineichenwald nieder. Sancho Pansa aß und trank wieder, legte sich um und schnarchte, dass die Wipfel zitterten. Don Quichotte aß nichts, trank nichts und schlief nicht. Nachdem er einen kräftigen Zweig von einem der Bäume abgerissen und ihn als Lanze zurechtgeschnitzt hatte, saß er noch lange wach, grämte sich über seine Niederlage und träumte von neuen, aber erfolgreicheren Taten.

James Krüss

Pommelot, der unbesiegbare Ritter

Wer als Sohn eines Ritters geboren wurde, war dazu verdammt, ebenfalls Ritter zu werden. Auch wenn er lieber Lieder sang oder die Harfe zupfte, musste er sich dennoch im Kampfspiel mit Pferd und Lanze üben und den Gesang den herumziehenden Minnesängern überlassen.

Einst bekam ein Ritter einen Sohn, den er Pommelot nannte. Der war von Geburt an pummelig und blieb es sein Leben lang. Auch aß er zeitlebens gern gute Sachen und hatte zur Ritterei nicht die geringste Lust.

Leider musste er als Rittersohn auch alle Ritterkünste lernen: Fechten, Reiten, Bogenschießen, Lanzenstechen und was derlei brotlose Künste mehr sind. Oft dachte er: Wenn ich mich schon in brotlosen Künsten üben muss, dann singe und dichte ich lieber! Aber sein Vater war unbarmherzig. Er ließ ihn mit Falken jagen, er ließ ihn Hirsche hetzen und er zwang ihn das Lanzenstechen fürs

Turnier zu üben. Nur des Abends durfte Pommelot unter den Erkerfenstern ebenso dicker wie dummer Edelfrauen die Klampfe schlagen und in lächerlichen Versen den Verliebten spielen.

Als dieser Pommelot in das Alter kam, da er zum Ritter geschlagen werden sollte, war er auf das notwendige Turnier schlecht vorbereitet, da er sich wenig Mühe bei den Übungen, dafür aber heimlich um so mehr Mühe beim Dichten gegeben hatte.

Wie es nun Zufall oder Schicksal wollte, gab er seinem – übrigens gutwilligen – Pferd einige Tage vor dem entscheidenden Turnier das übliche Schälchen voll Sirup zur Belohnung für einen langen Ritt. Hierbei fiel ihm auf, mit welcher Gier und Wonne sein Pferd den Sirup schleckte. Da kam ihm ein wunderlicher, ganz und gar unritterlicher Einfall.

»Wenn unsere Pferde so gern Sirup schlecken«, sagte er sich, »dann soll der Sirup mich zum einzigen unbesiegten Ritter dieser Erde machen!«

Um seinen Einfall zu verwirklichen waren allerdings einige Vorbereitungen nötig. Erstens ließ Pommelot sich eine Rüstung schmieden, die so furchterregend aussah wie keine andere weit und breit, zweitens ließ er sich eine Lanze herrichten, die mit ihren gebogenen Widerhaken jeden in Furcht und Schrecken versetzte, der sie auf seinen Leib gerichtet sah, drittens machte er sich am Schweif seines Pferdes zu schaffen. Doch was er dort machte, war und blieb bis zum Tode sein Geheimnis.

Am Tage des Turniers, an dem sich entscheiden sollte, ob er zum Ritter geschlagen werden würde, machte er ungeheuren Eindruck, besonders auf die Damen mit den spitzen Hüten und den Schleiern. »Mag er auch ein wenig beleibt sein«, flüsterten sie hinter behandschuhten Händen, »so scheint er doch ein kühner Mann und Held zu sein!«

Die Ritter betrachteten Pommelot mit einigem Argwohn und mit Unbehagen, weil er nicht so war, wie andere Ritter waren.

Der Kampf der Reiter, Pferde und Lanzen wurde immer, wenn Pommelot heranritt, zu einem seltsamen Schauspiel. Kaum senkte der dicke Ritter die gräßliche Lanze, kaum sprengte er in seiner erschrecklichen Rüstung auf den Gegner zu, da scheute das Pferd des Gegners plötzlich und ehe der Reiter es mit Zügeln und Sporen zur Räson bringen konnte, war es scheinbar zitternd vor Furcht hinter das Pferd Pommelots galoppiert und leckte diesem Pferd den Schweif, als bettele es um Gnade.

Sieben Gegner mussten den Kampf gegen Pommelot abbrechen, weil ihre Pferde nicht parierten. Am Ende blieb den Kampfrichtern nichts anderes übrig als Pommelot, den Unbesiegten, zum Ritter zu schlagen.

Solange Pommelot lebte, blieb es so wie beim ersten Mal. Er siegte in jedem Turnier ohne ein einziges Mal mit der Lanze einen Ritter vom Pferde stoßen zu müssen. Stets machte das Pferd des Gegners dem Kampf vorzeitig ein Ende.

Eine ganze Reihe von Rittern ließ sich die Rüstung und die Lanze Pommelots nachschmieden, in der Hoffnung, der fürchterliche Anblick von Wehr und Waffen würde das gegnerische Pferd ängstigen. Aber es nützte ihnen nichts: Sie wurden angegriffen wie gewöhnlich und mussten sich ihrer Haut und Rüstung wehren wie sonst. Einzig Pommelot blieb ständig unangegriffen, unversehrt und daher auch unbesiegt bis zu seinem Tode.

Auf seinem Grabstein, den man heute noch sehen kann, steht zu lesen:

Hier ruht der Ritter Pommelot,
der so kühn, so heldenhaft, so furchterregend war,
dass niemand ihn in seinem langen Leben je besiegt hat.
Er ruhe in Frieden!

Was die wenigsten wissen, ist, dass Pommelot, seit er ein Ritter war, nie mehr die Kunst des Turniers geübt, sondern verkleidet als Minnesänger gedichtet und gesungen hat und dennoch, wenn er einmal zum Turnier antreten muss-te, kampflos Sieger blieb.

Nur einem Kollegen, einem Minnesänger, hat er sich ein-mal anvertraut. Und von ihm kennt die Nachwelt das Geheimnis Pommelots: Der kluge kleine Ritter, der wuss-te, dass die Pferde nach Sirup lechzten, aber viel zu wenig davon bekamen, hatte den Schweif seines Pferdes vor jedem Turnier mit allersüßestem Sirup getränkt.

Jörn-Peter Dirx

Wie Ritter Alfons seiner Fredegunde ein Abschiedsständchen bringt

Der nächste Morgen kam wolkenlos und friedlich über Burg Höhenangst. Nur auf dem Burghof herrschte großes Getöse: Der Hofzwerg Quasselstrippe hopste mit ungelenken Hopsern hinter Alfons' Neffen drein und rief: »Ruhe, Rasselbande! Erst wird gefrühstückt und zuallererst sich ordentlich gewaschen. Besonders die Ohrlöffel, ihr Teufelsbraten!« Quasselstrippe sollte dafür sorgen, dass die drei schön leise waren und ihren Onkel nicht weckten.

»Wollt ihr wohl Ruhe geben, ihr Gummihasen!«, rief er. »Ruhe!!!«

Doch Ritter Alfons war ausnahmsweise schon wach. Er probierte in der Rüstungskammer seine neue feuerfeste Rüstung an.

»Und jetzt der Feuertest«, sagte Sägumir und ging zum brennenden Kamin hinüber.

»Augenblick!«, rief Alfons. »Nur immer langsam und vorsichtig. Er zündet mir sonst noch die Burg an.«

Sägumir aber hielt schon ein brennendes Holzscheit in der Hand und begann an Alfons Rüstung herumzukokeln. Da klappte Alfons das Visier herunter, biss die Zähne zusammen und war einer Ohnmacht nahe. Feuer nämlich war für Ritter Alfons ebenso schlimm wie Treppenstufen und Leitern, wie Eisenrüstungen und Blechnäpfe. Wie oft hatte er schon in Flammen gestanden, wenn er beim Würstchengrillen zu nahe ans Lagerfeuer geraten war! Wie oft hatte er sich schon eine neue Holzrüstung verdorben, weil er beim Biwakieren zu nah an der Feuerstelle geschlafen hatte!

»Hurra!«, rief Sägumir. »Sie brennt nicht. Sie weist das Feuer ab.«

Alfons öffnete vorsichtig erst das Visier und dann die Augen: »Teufelsbraten, genialer!«, stöhnte er erleichtert. »Nun soll er nur kommen, der Drache, und zündeln wie er will, ich werde ihm sein Licht schon ausblasen!«

So sprach der tapfere Ritter Alfons und im selben Augenblick überstürzten sich die Ereignisse auf Höhenangst: Erst trötete und quäkte, tutete und blökte es, dass die Burgmauern erzitterten, dann fiel Alfons vor Schreck das Visier wieder zu und Sägumir die Pfeife aus dem Mund. – Was war geschehen?

Alfons und Sägumir stürzten ins Freie um nachzuschauen: Auf dem Burghof stand zitternd Deckel, der Herold. Seine Tröte war verbogen und die Kleider hingen ihm in Fetzen vom Leib.

»Der Rache ist los! Der Rache ist los!«, rief er immer wieder.

»Was ist los?«, fragte Kurz, der sich seltsamerweise auch auf den Hof bequemt hatte.

»Das Drachentier!«, stieß Deckel hervor. »Er hat sich in Bewegung gehetzt. Die Wälder flennen, die Häuser rennen. Kein Webelesen ist mehr sicher. Alle lassen Maus und Doof im Stich. Dragumir Puff-Puff will die Quarkgrafentochter entführen . . .«

»Ruhig, Deckel«, versuchte Alfons ihn zu beruhigen. »Also, der Drache Dragomir Puff-Puff ist auf dem Wege nach dem Schloss des Markgrafen und will die Markgrafentochter Mieselotte entführen, richtig?«

Deckel nickte und verlangte nach einem Becher Wein.

»Dann sattelt die – äh – Pferde und so weiter!«, rief Alfons. »Wenn kein Anderer es wagt, so will ich ihm schon die Krallen oder Hörner zurechtstutzen. Auf in den Kampf für Mieselotte Ohnehals!«

Und mit stolzgeschwellter Brust schaute er zum Turmfenster hinauf, aus dem Fredegunde auf den Burghof herunterblickte. »Für meine liebste Fredegunde!«, verbesserte er sich schnell, dann fiel er schwindelnd in Ohnmacht. Den Blick zum Turmfenster hatte er noch nie vertragen.

»Ach, mein armer, tapferer Alfons!«, rief Fredegunde. »Ich habe dir heute Nacht schon ein Tüchlein geklöppelt, das du an deine Lanze binden kannst. Sobald du aufwachst, werfe ich es dir hinunter.«

»Fang du es bitte, Kurz!«, flüsterte Alfons, der schon wieder die Augen aufschlug, aber vorsichtshalber nicht nach oben sehen wollte.

»Mach ich«, antwortete Kurz. »Vergeßt nur nicht Euer Abschiedsständchen, ich kümmere mich schon um alles.«

Seufzend erhob sich Alfons und schlurfte in Richtung Musikzimmer um seine Laute zu stimmen. Nicht lange und er stand unter Fredegundes Turmzimmer und schau-

te mit fest geschlossenen Augen zu ihr hinauf. Leise zupfte
er die Laute und sang mit schöner, klarer Stimme:

> »Ach ja, die hohe Minnen,
> sie lockt mich auf die Zinnen,
> doch wegen meiner Höhenangst
> kann ich sie nicht erklimmen.
>
> Des Turmes tausend Stufen,
> ich kann sie nicht verfluchen,
> jedoch zur Liebsten kann ich nicht,
> drum muss mein Lied sie suchen.
>
> Ach, liebste Fredegunden,
> ich denk dein jede Stunden
> und kämst du einst herab zu mir,
> hätt dich mein Lied gefunden.«

Es war ein neues, selbst gedichtetes Lied und es rührte alle
auf Burg Höhenangst zu Tränen.
»Ach, mein liebster Alfons!«, seufzte Fredegunde.
»Ach, meine liebste Fredegunde!«, seufzte Alfons zurück.
Dann hoben Kurz und Sägumir ihn auf sein Reitschwein
und es ging fort, großen Abenteuern entgegen.

Fried Noxius

Federchen

*E*s gab einmal eine Burg Rabenstein und vielleicht gibt es sie heute noch. Dort wohnte zur Zeit unserer Geschichte der Ritter Potztausend. Natürlich hieß er eigentlich anders, nämlich Kuno, doch man nannte ihn eben weit und breit »Ritter Potztausend«, weil er jedes Mal dieses Wort ausstieß, wenn ihn etwas verwunderte – und das war oft der Fall. Sein Sohn hatte ebenfalls einen Spitznamen: »Tausendsassa«. Das traf den Nagel auf den Kopf, doch wir wollen nicht vorgreifen.

Die Frau des Ritters Potztausend hieß Mathilde, so und nicht anders. Sie war eine stattliche Burgherrin, trug ein langes Kleid, wie das Sitte war, hatte aber darunter wohl die Hosen an: Sie hatte das Sagen. Das tat sie aber meist so geschickt, dass es dem Ritter Potztausend nicht auffiel.

Die Burg hieß Rabenstein seit alters her. Das gefiel dem Ritter Potztausend nicht sonderlich, aber er musste sich damit abfinden. Viel lieber hätte er seine Burg Adlerhorst genannt, obwohl doch auch Raben bemerkenswerte Vögel waren.

Die Burg Rabenstein war eine ganz besondere Burg, ohne Frage. Das hatten schon die armen Bauern festgestellt, feststellen müssen, die sie erschuftet hatten, erschwitzt, geplagt beim Transport der Steine. Das war überhaupt erst möglich gewesen, nachdem man um den steilen Bergkegel herum einen Weg gehauen, gebaut hatte, Spatenstich um Spatenstich, Stein um Stein, immer höher hinauf, bis endlich der Gipfel erreicht war. Darauf hatte dann ein schwindelfreier Baumeister eine kühne Burg errichtet, den Bergfried in der Mitte, den hoch ragenden Burgturm. Welch meterdickes Mauerwerk den umgab! Wie viel Fuder Steine der geschluckt hatte!

Erblickte man Burg Rabenstein in der Morgensonne, die sie natürlich zuerst umschmeichelte, schimmerte sie mit ihrem vergoldeten Wetterhahn obenauf wie eine gleißende Nadel. Es war zwar kein echtes Gold, was da glänzte, sondern nur Kupfer, doch es schimmerte wie Gold. Gegen Abend, wenn sich die Sonne verabschiedete, wurde Burg Rabenstein warmgolden überhaucht und im Mondschein standen Berg und Burg trotzig schwarz da, nicht umzuwerfen. Wollte oder musste man da hinauf, spürte man das an allen Gliedern und wer nicht schwindelfrei war, ließ die Augen besser vom Abgrund, der sich auf der Seite auftat. Hinauf mussten die Untertanen des Ritters Potztausend oft genug, viel öfter, als ihnen lieb war, zur Ablieferung des Zehnten nämlich, der damaligen Steuer: Vieh aller Art, Getreide, Milch, Käse und Butter, gewebtes Leinen. Darüber wachte die Burgherrin Mathilde mit scharfem Auge. »Dafür steht ihr auch im Schutze der Burg!«, pflegte sie bei solchen Gelegenheiten zu betonen und der

alte Ritter Kuno durfte dann kräftig mit seinem noch
älteren Schwert rasseln.

Ließ man von oben den Blick über das Land schweifen,
überblickte man die gesamte Herrschaft der Burg. Ringsum lagen vier Orte, auf jeder Seite einer: Minkwitz, Monkwitz, Munkwitz und Mankwitz. Irgendein Vorfahre hatte
sie so benannt oder umgetauft, wahrscheinlich deshalb,
weil es ihm besonders praktisch erschienen war. Minkwitz, der größte Ort, lag dem Fuß des Burgberges am
nächsten. Mit diesen vier Ortschaften endete jedoch der
Besitz des Ritters Kuno keineswegs; der dehnte sich bis
zum Horizont aus, über Felder und Wälder. Wie ein grü-
ner Gürtel lag der Wald ringsum, schier undurchdring-
lich.

Dieser Wald war die besondere Freude des Jungritters
Kuno. Der hieß, wie konnte es anders sein, natürlich wie
sein Vater, denn ein Kuno sollte wieder Erbe werden, wer
sonst. Der Ritter Potztausend nannte seinen Sohn aber nur
im Notfall Kuno, sondern eben meist »Tausendsassa«.
»Komm einmal her, du Tausendsassa!«, hieß es. Tagsüber
kam das kaum vor, denn da war der Jungritter unterwegs,
zu Pferde natürlich. Die Pferde wieherten, die Steine kol-
lerten, die Funken stoben unter den Hufen, wenn der
Tausendsassa mit seinen Knappen den geschlängelten
Burgberg hinabritt, viel zu schnell, viel zu wild, voller
Abenteuerlust. Am liebsten wäre auch er wie früher sein
Vater in die Welt hinausgezogen, zu einem Kreuzzug
vielleicht, doch damit war es jetzt nichts, sehr zur Erleich-
terung seiner Mutter Mathilde. So blieb dem Jungritter
eben nur der Wald mit der Jagd auf Hirsch und Wild-
schwein, Wölfe und Bären, gefährlich genug. Das waren
auch erregende Abenteuer, doch der Jungritter Tausend-

sassa bestand sie alle, denn er hatte Mut, Kaltblütigkeit und Kraft. Ritt er durch Minkwitz, Monkwitz oder Munkwitz, durch Mankwitz auch, schaute ihm so manche Maid verstohlen nach, wie die jungen Mädchen damals hießen. Der Tausendsassa aber dachte gar nicht daran, eine als Frau heimzuführen, auf die Burg zu bringen, quer über dem Sattel vielleicht gar. Das betrübte seine Eltern ungemein. »Wie soll das weitergehen?«, fragte die Burgherrin ein ums andere Mal. »Wann will dieser Tausendsassa endlich heiraten? Wann können wir endlich Enkelkinder auf unseren Knien wiegen? Wenn wir hornalt sind etwa? Steinalt? Oder vielleicht überhaupt nicht?« Der Ritter Potztausend nickte dazu, ließ seinen grauen Bart schwingen und stützte sich sorgenvoll auf sein geliebtes altes Schwert. Das hatte zwar Rostnarben und war nicht mehr recht zu gebrauchen, aber es barg viele Erinnerungen.

Ritter Kuno von Rabenstein war ein gestrenger Herr, zum Glück aber auch ein gerechter. Er regierte und urteilte so, dass ihn seine Untertanen nicht gegen einen Fremden eintauschen mochten. »Dann kommen wir vielleicht vom Regen in die Traufe!«, meinten sie. »Aber was wird, wenn er einmal nicht mehr da ist?«, fragten sie besorgt. »Wenn der Tausendsassa das Regiment übernimmt, dieser wilde Gesell? Der vielleicht nicht heiraten und Kinder haben möchte, richtige Ritterkinder, die seinen Namen tragen?« – »So geht das nicht weiter«, murrte die Burgherrin immer öfter, immer lauter. »Ich habe es allmählich satt mich um alles zu kümmern: das Gesinde, das Burggärtlein mit den vielen Kräutern, Küche, Kammern und Gemächer. Eine junge Frau muss her! Du wirst auch immer langweiliger. Du erzählst immer nur von deinen Kämpfen, die du angeblich gewonnen hast, deinem Kreuzzug, von dem du nur Narben und das Zipperlein mitgebracht hast. Davon habe ich nun genug!« Als der Ritter Potztausend unwirsch mit seinem Schwert rasselte, fuhr sie ihn an: »Lass das! Dieses quietschende Ding ist zu nichts nütze, nicht einmal mehr zum Holzspalten!« Da zog Ritter Kuno allen Atem in seine immer noch breite Brust ein und sagte dann: »Du hast Recht!« – »Natürlich habe ich das! Wie immer!«, fauchte die Burgherrin. »Bring diesem Tausendsassa endlich bei, was er zu tun hat!«

»Das wird befohlen«, brummte Ritter Potztausend nach längerem Überlegen und richtete sich kerzengerade auf. »Befohlen, basta, Stantepede. Auf der Stelle.«

»So, so, befohlen«, spottete seine Frau. »Befiehlst du es?« Da geriet Ritter Kuno etwas ins Stottern. »Ich dachte – ich dachte, das tust du am besten. Eine Heirat ist Frauensache«, murmelte er verlegen. Die Burgherrin kniff die Lippen zusammen. »Heute Abend nehmen wir den Tausendsassa ins Gebet, heute Abend!« An ihrer Redeweise spürte man, dass sie schon einen Gedankenfaden spann, einen langen, feinen.

Der Jungritter kehrte am späten Nachmittag müde von der Jagd heim und warf sich erschöpft auf sein Lager um sich auszuruhen. Nachdem er so ein Stündchen geschlafen hatte und Hunger bekam, fand er den Abendbrot-Tisch besonders reichlich und reizend gedeckt, als seien Gäste gekommen. »Ist das hübsch!«, lobte er überrascht. »Sogar Blumen!« Er hatte durchaus Sinn für alles Schöne. »Das könntest du öfter haben, sogar täglich«, behauptete da die Burgherrin. »Sogar noch schöner.« Es klang verheißungsvoll.

»Wie denn?«, fragte der Jungritter verdutzt.

»Von einer schönen Frau! Von deiner Frau!«, kam die

Antwort wie ein Pfeil. »Hast du noch immer keine gefunden? Du bist doch andauernd unterwegs! Und alt genug bist du auch schon!«

Das verschlug dem Jungritter die Sprache. Eine Frau! Heiraten sollte er! Seine Kreise einengen lassen, einschnüren, seine wilden Streifzüge! Er erschrak.

»Wenn du nicht willst, werden wir dich einfach enterben«, behauptete nun Mutter Mathilde kühl. »Dann kriegt die Burg der Waldemar von Eisenstein. Nach deinem Tod natürlich, nachdem du dir den Hals gebrochen hast bei einem wilden Ritt. Der Waldemar hat schon Weib und Kind, und sogar Söhne. Zwei! Und was hast du? Keine Frau, geschweige denn einen Erben! Schändlich ist das!« Sie stampfte mit dem Fuß auf.

»Das ist happig«, murmelte endlich der Jungritter, nachdem er sich vom größten Schreck erholt hatte. Nun schmeckte ihm das ganze schöne Abendbrot nicht mehr. Er kaute sehr lang auf dem nächsten Bissen herum, danach versprach er widerwillig: »Gut, ich werde mich nach einer Frau umsehen.« Es klang so leise, dass es kaum Frau Mathilde verstand, obwohl die doch gute Ohren hatte. Vielleicht war die Zusage auch herausgerutscht, weil der Jungritter an ein Sprichwort gedacht hatte, eines aus einem fernen Land. Entschuldige, dass ich dir heute noch nichts versprochen habe! Immerhin, zugesagt hatte er! Krampfhaft überlegte er nun, wie er den Kopf aus der Schlinge ziehen könnte.

»Ich werde das in die Hand nehmen«, überraschte ihn nun seine Mutter schon wieder.

»Halt, halt!« protestierte da der Jungritter. »Nicht so hastig! Ich möchte eine hübsche Frau haben, eine reizende!« Mehr fiel ihm nicht gleich ein.

»Die kriegst du«, versprach seine Mutter. »Wir wollen ja auch hübsche Enkelkinder, kluge vor allem.«

»So Hals über Kopf geht das aber nicht!«, wandte der Jungritter ein. »Das gibt nichts Gutes!«

»Du brauchst ja nicht allein zu entscheiden«, tröstete die Burgherrin hinterhältig und lächelte. »Wir schauen uns deine Zukünftige ebenfalls genau an, dein Vater und ich.« Auch das noch! Wer weiß, was dabei herauskam! Dem Jungritter wurde heiß und kalt. »Ringsum wohnt doch nicht die richtige Frau für mich!«, behauptete er nun. »Auf Greifenstein nicht, nicht auf Burg Gracht, schon gar nicht auf Burg Hohenwalde. Soll ich etwa eine Braut in Minkwitz aussuchen? Oder in Monkwitz? In Munkwitz oder Mankwitz? Es muss doch ein Ritterfräulein sein!«

»Muss nicht«, entfuhr es da dem alten Ritter Potztausend. »Es gibt genug hübsche Mädchen bei uns im Lande!« Er erntete einen scharfen Blick seiner Frau dafür, doch sie war einverstanden. »Wenn es eine gute Frau ist, soll sie uns willkommen sein«, gab sie ihrem Herzen einen Stoß. »Eine brauchen wir jedenfalls. Besser so eine als gar keine.«

Damit war es also auch nichts! Nachdem auch dieser Ausweg versperrt war, legte der Jungritter die Stirn in Falten und sagte: »Eine Bedingung habe ich noch, eine Bitte«, verbesserte er sich rasch. »Ihr wisst, ich sehe gern schöne Dinge, kunstfertige. So etwas muss meine zukünftige Frau können.« Er holte tief Atem und fuhr fort: »Sie muss ein selbst gemachtes Kleid tragen, ein ganz feines, ein langes.«

»Ist das alles?«, wollte die Burgherrin misstrauisch wissen, denn sie kannte ihren Sohn.

»Nein, nicht ganz«, bestätigte der Jungritter ihre Befürchtungen.

»Das wäre zu einfach. Dieses Kleid muss luftleicht sein. Mit diesem Kleid muss sich meine zukünftige Frau einmal um sich selber drehen und danach muss ihr Kleid eine Minute lang waagrecht in der Luft stehen. Wie eine ausgebreitete Glocke, bretteben. Mindestens eine Minute.«

»Mindestens eine Minute«, wiederholte die Burgherrin, während sie fieberhaft überlegte, ob das möglich wäre. Eine Minute nur? Konnte das ein leichtes Kleid etwa nicht? Eines aus Seide zum Beispiel? Sie atmete dreimal tief. »Ist das nun alles?«, vergewisserte sie sich misstrauisch. Sie fürchtete, es käme noch mehr.

Nein, dem Jungritter fiel zum Glück im Augenblick nichts weiter ein.

Jetzt wird es ja Winter!, schoss es ihm durch den Kopf und belebte ihn. »Aber jetzt wird es doch Winter!«, sagte er laut. »Wie soll da ein schwaches Mädchen auf unsere himmelhohe Burg heraufkommen! Den steilen Berg hoch, den glatten! Sie wird sich den Hals brechen!«

»Wenn sie gesund ist, wenn sie dich haben will, wird sie es schaffen. Ich hätte es geschafft, verlass dich drauf«, behauptete da die Burgherrin und es war ihr zu glauben.
– »Wir können ja bis zum Frühjahr warten!« wand sich der Jungritter. »Im Frühling freit es sich doch viel besser!«

Das stimmte zwar, doch diesmal sollte er nicht entkommen. »Nein, wir fangen gleich damit an, sofort«, sagte die Burgherrin entschlossen. »Morgen schon. Morgen wird ein Herold durch Minkwitz reiten, durch Munkwitz, Monkwitz und Mankwitz um zu verkünden, dass wir Mädchen erwarten, die dich heiraten möchten. Alles andere wird sich dann finden.«

»Das werden wir ja sehen«, murmelte der Jungritter. Seine Mutter aber eilte in ihre Gemächer, holte ihr längstes, leichtestes Kleid aus einer tiefen Truhe, streifte es über und drehte sich, so schnell sie nur konnte. Schschschsch machte das Kleid und bauschte sich – doch nur für ein paar Sekunden. Danach fiel es wieder herab, schlaff und leblos. Was hatte dieser Schlauberger von Sohn zur Bedingung gemacht, dieser Schlawiner? Eine Minute lang musste dieses Kleid waagrecht stehen, bretteben? Wie eine ausgebreitete Glocke? O weh! Nun bekam die Burgherrin arge Zweifel, dass es mit einer Braut klappen würde. »So ein Schlitzohr!«, sagte sie laut – aber zu jener Zeit wird es wohl ein anderes Wort gewesen sein.

Der Herold ritt schon am nächsten Morgen in die vier Ortschaften und verkündete zur Verwunderung der Leute alles, begleitet vom Jungritter. Der verfolgte jedes Wort genau, vor allem das von dem Kleid. Dabei schmunzelte er spöttisch. Die Augen ließ er über die Untertanen schweifen und es entging ihm keineswegs, dass darunter allerlei allerliebste junge Mädchen waren. Trotzdem: Er würde nicht in ihre Netze gehen, er nicht!

Es war rauh geworden und kalt. Wilde Winde fegten um den Burgberg, Stürme gar, um die Burg zumal. Der Kamin qualmte bös, Altritter Potztausend hustete, Frau Mathilde bekam schlechte Laune, der Jungritter Tausendsassa dagegen immer glänzendere Augen, weil er sich freute. Bei diesem Wetter kam keine!

Der Burgberg war eisglatt und spiegelblank geworden. Die Burgherrin machte den Knechten Beine. »Sputet euch, los, los!«, befahl sie und scheuchte sie in die Kälte hinaus. »Nehmt alle Asche, die ihr in der Burg findet, und streut den Burgberg, dalli, dalli! Macht schon!«

So geschah es, doch der Weg zur Burg Rabenstein blieb trotzdem ein Wagnis. Wie leicht konnte man sich ein Bein brechen!

Ganz unten am Burgberg, dort, wo er in die Höhe zu steigen begann, befand sich ein niedriges Haus. Zum Burgberg zu hatte es ein einziges Fenster und da stand oftmals ein Mädchen, das den Jungritter vorbeireiten sah. Halt, so ist das nicht ganz richtig! Es muss heißen: das den Jungritter vorbeireiten sehen wollte. Betrachten wollte sie ihn immer wieder, bewundern auch, seine schlanke Gestalt, das tänzelnde Roß, den kühnen Blick, die kräftige Hand, die das Pferd zügelte. Meist hielt sie sich dabei im Hintergrund verborgen, doch ab und zu blieb sie auch im Fenster stehen, als sei sie erstarrt. Jetzt musste aber der hölzerne Fensterladen geschlossen bleiben, gegen den sich der Wind warf. Ungestüm zerrte der!

Nur allmählich ließ sein Wüten nach, doch die starre Kälte blieb. Die armen Vögel! In ganzen Familien, in Scharen flatterten sie umher und suchten Futter, meist vergeblich. Meisen hatten sich vor dem Fenster des Mädchens versammelt, lauter zierliche Schwanzmeisen, lauter Federbällchen. »Sisisisi, zirpzirp!«, hörte man. Da holte das Mädchen eine Handvoll Körner und streute sie hin, holte noch einmal und immer wieder neue. »Kind, Kind, wir haben doch selber nicht viel!«, mahnte die Mutter.

»Wir haben noch genug, um nicht zu verhungern, aber die armen Vögel finden jetzt überhaupt nichts mehr«, wandte das Mädchen ein.

Kein Wunder, dass sich die Meisenschar immer mehr vergrößerte; es zwitscherte sich herum. Eines Tages ritt der Jungritter vorüber und zügelte erstaunt sein Pferd. Stand doch da ein allerliebstes Mädchen im Fenster; umflattert von einem Vogelschwarm! Wie ein lebendes Bild in einem lebenden Rahmen!

Eines Tages saß ein Stückchen höher am Burgberg ein alter Mann, mitten im Schnee, mitten in der Kälte. Wie ein Häufchen Elend hockte er da, einen dunklen Mantel um sich geschlagen, starr und schweigend. Ein Bettler war das wohl, ein hungriger Bettler, wer weiß. Damals, so glaubte man, ging auch manchmal der Herrgott unerkannt durchs Land – und vielleicht tut er das heute noch. Einmal umschwärmte ihn ein Meisenschwarm, als wolle er ihn schützen, wärmen. »Sisisisi, zirpzirp!«, ging es. Danach stob dieser Schwarm ungestüm zu jenem Fenster des Mädchens, das immer Futter streute. »Gib uns Brot! Ein Stück nur!«, vernahm es plötzlich eine Stimme und erschrak. Bevor es sich noch gefasst hatte, waren ein paar Meisen schon ins Zimmer geschlüpft und flogen mit Brotbrocken davon. »Du darfst dir etwas wünschen!«, hörte das Mädchen wenig später. »Wünsch dir etwas!« Da holte das Mädchen tief Atem und sagte: »Ich wünsche mir ein luftleichtes Kleid. Eines, das bretteben stehen bleibt, wenn ich mich mit ihm gedreht habe.« Wieder stoben die Meisen davon, wieder kehrten sie zurück, alle mit Flaumfedern in den Krällchen, luftleichten Flaumfederchen. Die warfen sie allesamt durch das Fenster ins Zimmer des Mädchens. Wie die Federwolke wirbelte! »Näh die alle zusammen!«, ertönte es aus dem Meisenschwarm. »Das wird das leichteste Kleid auf der ganzen Welt!«

Nachdem sich das Mädchen von seiner Überraschung erholt hatte, machte es sich daran, alle diese winzigen Federchen mit zierlichen Stichen zusammenzunähen. Mühselig war das, schwierig, doch das junge Mädchen hatte Geschick und Geduld. Aus einem Fleckchen wurde allmählich ein Fleck, aus Flecken ein Kleid, wirklich und wahrhaftig. Oben ließ die kunstfertige Schneiderin ein Loch für den Kopf, zwei auch für ihre Arme.

Nachdem das Gewand fertig war, verließ das Mädchen der Mut. Zur Burg hinauf? Konnte sie das wagen? Hinein in den großen Rittersaal, den sie noch nie betreten hatte? Dem Ritter Potztausend gegenüber, seiner Frau Mathilde und vor allem dem Jungritter? Sie schüttelte den Kopf. Nein, das ging nicht. Doch da hörte sie plötzlich wieder den Meisenschwarm. »Sisisisisi, zirpzirp – es geht doch! Wir helfen dir!«, ertönte es. Nun war es zwar kalt, aber die Sonne ließ Eis und Schnee glitzern und blitzen, so nahm sie ihr Herz in beide Hände und machte sich daran, den Burgberg zu erklimmen.

Sie rutschte, stürzte hin, hatte bald blaue Knie und zerschundene Hände und hätte der Meisenschwarm sie nicht begleitet und umflattert wie eine lebende Wolke, nie wäre sie oben am Burgtor angekommen. Der Wächter auf dem Turm blies aufgeregt ins Horn, als er dieses Schauspiel erblickte, und die Burgherrin kam erfreut bis ans Tor. Musste dieses Mädchen Mut haben! Musste es Kraft haben! Musste es in den Tausendsassa verliebt sein! So einen Weg auf sich zu nehmen!

»Komm schnell herein!«, sagte sie und griff nach einer Hand des Mädchens. »Du blutest ja! Aber – aber wo ist dein Kleid? Das federleichte!« Sie erschrak, als sie das Leinenkleid des Mädchens sah. »Mit dem da –?«, fragte sie und geriet ins Stottern. »Das klappt niemals!« Da wurde das Mädchen rot und blass vor Aufregung, zog ein Leinentuch hervor, entfaltete es vorsichtig mit spitzen Fingern und holte das zusammengelegte Federkleid heraus, schlüpfte hinein, ließ es über sich gleiten. »Das – das – das

44

gibt es gar nicht!«, staunte da die Burgherrin. »Komm schnell!«

Im Rittersaal saßen bereits Ritter Potztausend und Jungritter Tausendsassa erwartungsvoll. Viel Abwechslung gab es sowieso selten auf der Burg, im Winter schon gar nicht. Der Jungritter war guter Dinge. Den Burgberg herauf hatte sich schon manche Maid gequält um Ritterbraut zu werden, aber keine hatte ihm so recht gefallen und kein einziges Kleid war eine Minute lang waagrecht stehen geblieben wie eine Glocke, keines. Er blinzelte überrascht, als er das Mädchen sah. Die Maid kannte er doch? Das war doch die, der er immer einmal Blicke zuwarf, sobald er unten am Burgberg ritt? Und was für ein seltsames Kleid sie hatte! Das Mädchen sagte keinen Ton. Es machte nur einen artigen Knicks vor dem alten Ritter und der Burgherrin, was die gnädig mit einem aufmunternden Lächeln quittierten, schaute dem Jungritter geradewegs in die Augen, drehte sich einmal um sich selbst wie ein Wirbelwind und verharrte dann unbeweglich. Das Kleid aber, welch ein Wunder, blieb in der Waagrechten! Es blieb viel länger so als eine Minute! Dem Jungritter verschlug es die Sprache, plötzlich aber warf er sich zu Boden und schrie: »Pfusch ist das, Betrug!« Er hatte entdeckt, was noch nicht einmal das Mädchen wusste: Unter dem Kleid flatterten ein paar zierliche Meisen, machten Wind und hielten es immer noch hoch! »Nichts ist!«, schrie der Jungritter. »Gar nichts!« Da riss sich das Mädchen das Federkleid vom Leib und stülpte es dem Tausendsassa über den Kopf! Der verfilzte sich darin, schlug mit beiden Armen um sich, verwickelte sich dadurch noch mehr, strampelte mit den Beinen und schrie dann auch noch kläglich, denn ein ganzer Schwarm Meisen stob nun um ihn herum: Meisen, Meisen, Meisen! Das war ein Schauspiel! Altritter Kuno rief ein ums andere Mal »Potztausend!«, und die Burgherrin Mathilde lachte, bis ihr die Tränen kamen. »Du bist die richtige Frau für ihn!«, stieß sie hervor und schloss das Mädchen in die Arme. »Dir gehört er! Schön sieht er zwar nicht aus im Augenblick, aber er ist ein Mann für eine Familie. Du wirst ihn hinkriegen, du gewiss. Zu Weihnachten ist Hochzeit und nächstes Jahr wollen wir Kindstaufe feiern! Nun, was ist?« Da zirpten die Meisen und flogen auf die dicken Querbalken an der Decke.

Der Jungritter Tausendsassa aber erhob sich endlich, schüttelte einmal den Kopf, zweimal, als glaube er das alles nicht, lachte dann aber dröhnend und nahm das Mädchen so fest in seine Arme, dass es aufstöhnte.

Der Waldemar von Eisenstein erbte die Burg nicht, sondern der nächste Kuno. Die Burgherrin Mathilde hatte keine Mühe mehr mit dem Gesinde, mit Burggärtlein, Küche und Gemächern, dafür kümmerte sie sich um die Kinder des Ritters Tausendsassa und seiner reizvollen Frau. Jedes Jahr aber im Winter kam ein Meisenschwarm zur Burg, stob herein, bettelte um Körner. Die erhielt er auch reichlich.

Die junge Rittersfrau aber hieß bei ihrem Mann nur noch »Federchen«. Nahm er sie auf die Arme, trug er sie auch so leicht, denn er war stark, sehr stark.

Kalle Freynick

Der Ritter Kunibert

Als Kunibert in die Jahre kam, sagte sein Vater, der König
von Klabund, zu ihm: »Mein Sohn, du bist nun kein Kind
mehr. Beweise, dass du ein Mann bist, und ziehe aus unser
Land von dem schrecklichen Tyrannen Harmonicus und
seinem geifernden Drachen zu befreien!« Der musikali-
sche Zauberer Harmonicus machte nämlich schon seit
Jahren die Leute verrückt, weil er tagein, tagaus immer ein
und dieselbe Melodie spielte. Eine magische Melodie, der
niemand entkommen konnte. Es sei denn, man hielt sich
die Ohren zu. Aber was war das für ein Leben?!
Überall sah man brave Bürger, die sich die Ohren zuhiel-
ten, weil sie das scheußliche Lied nicht mehr hören konnten. Aber niemand traute sich Harmonicus den Garaus zu
machen, weil dessen Drache irre schnell nervös wurde.
Also machte sich Kunibert auf den beschwerlichen Weg
zu Harmonicus. Und er hatte sogar Glück.
Harmonicus saß gerade in der Badewanne, als Kunibert

ihn in seinem Haus überraschte. Er musste den Zauberer nur noch mitsamt der Wanne auf die Straße tragen und ihn verhaften lassen. Aber da war noch der Drache!

Ehe sich Kunibert versah, hatte der Drache ihn gepackt, ein bisschen in seinen Klauen gequetscht und in einen kleinen Käfig gesperrt, aus dem es kein Entkommen gab. Seelenruhig traf der Drache Vorbereitungen den jungen Königssohn zum Abendbrot zu verspeisen. In seiner Verzweiflung begann Kunibert das Lied des Zauberers Harmonicus zu singen:

Du allerliebstes Bauernmadl,
lass mich doch beißen in dein Wadl! . . .

Kein Wunder, dass es den Leuten zum Halse raushing. Es war wirklich scheußlich. Nur dem Drachen schien das Lied zu gefallen.

Er setzte sich in den großen Lehnstuhl vor dem Käfig, spitzte die Ohren und jedes Mal, wenn Kunibert zu Ende gesungen hatte, schnaubte und tobte der Drache so lange, bis Kunibert von vorn anfing.

Endlich, nach ungefähr zwei Jahren, schlief der Drache gelangweilt ein.

Kunibert wurde befreit und mit Hilfe der Leute aus der Nachbarschaft überwältigte er das lästige Monstrum spielend.

Aber weil Kunibert durch diese ganze Geschichte die Schule verpasste, konnte er nichts, außer dieses dumme Lied singen.

Und so ging er ins Ausland und wurde Schlagersänger. Sein Lied wurde 30 Millionen Mal verkauft.

Er trat sogar im Fernsehen auf.

Sonja Hartl

Ohne Drachinnen keine Dachrinnen!

Bei strahlendem Sonnenschein ritt Sigrun endlich wieder durch die Lande. Monatelang hatte sie keinen Ausritt mehr genießen können, denn der Winter war streng gewesen. Aber jetzt, wo das zarte, neue Grün sich an den Zweigen zeigte und die Sonne ihr den Rücken wärmte, war Sigrun in bester Stimmung. An einem Tag wie heute konnte sie fast vergessen, dass es in ihrer Gegend alles andere als friedlich war, dass es die Raubritter gab, die mordend und brandschatzend durch die Lande zogen, jeden Drachen töteten, der ihnen vor die Lanze lief, und alles plünderten und schändeten, was ihnen in den Weg kam. Deshalb trug sie Helm und Harnisch, obwohl sie das unbequeme Zeug nicht leiden konnte – schon gar nicht bei einem Ausritt in der Sonne! Aber ungepanzert herumzustreifen, das war zu gefährlich.

Sigrun hatte kein bestimmtes Ziel. Halb lenkte sie die Stute, wohin es ihr gefiel, halb sah sie zu, wohin ihr Pferd sie brachte. Sie konnte sich darauf verlassen, dass es keine Wege gehen würde, die zu unguten Orten führten. Und Sigrun fand es angenehm sich einfach treiben zu lassen. Auf diese Weise hatte sie schon viel Schönes entdeckt, das ihr sonst vielleicht niemals begegnet wäre.

Sigrun ritt auf einen Laubwald zu. Die frischen Blätter leuchteten hellgrün und das Laub war noch dünn genug um die Sonne durchscheinen zu lassen. Die Luft roch angenehm nach Holz und Blüten. So wohl hatte Sigrun sich lange nicht mehr gefühlt. Sie hielt die Stute an, schloss die Augen und schnupperte . . . und lauschte, wie der Wind leicht in den Zweigen rauschte. Dann setzte sie ihren Ritt fort. War der Wald auch licht, so gab es doch geheimnisvolle Winkel, die sie nicht gleich ergründen konnte. An felsigen Schluchten kam sie vorbei und je tiefer sie vordrang, desto dichter standen die Bäume. An der freundlichen Stimmung änderte das nichts. Sigrun sog die Sonne, die Wärme und das Rauschen des Windes so tief ein, bis ihre Gedanken leichter wurden.

So war es leider nicht oft. Wie auch! Ihre Burg zerfiel von Monat zu Monat mehr und jeden Tag sah sie ein anderes Elend, das die Raubritter verursacht hatten. Es war in letzter Zeit zwar etwas ruhiger geworden, aber trotzdem wagte noch niemand an einen Frieden zu glauben.

Plötzlich zuckte Sigrun zusammen: Ein metallenes Scheppern! Es blitzte auf und blendete sie. War das eine Raubritterrüstung? Seltsam nur, dass ihre Stute nicht scheute. Sie trabte weiter, als ob nichts gewesen wäre. – Schon wieder! Blitzen, Scheppern und noch ein tieferes Geräusch, das klang wie ein wenig freundliches Brummen. Auch diesmal blieb die Stute ruhig. Sie verließ den Weg, trabte zwischen den Bäumen hindurch und lief sogar auf die

Geräusche zu. Das fand Sigrun einerseits beruhigend, aber ein bisschen unheimlich war ihr nun doch, zumal das Gelände immer unwegsamer wurde. Auch hielt die Stute geradewegs auf eine Schlucht zu, obwohl sie Schluchten sonst mied wie der Drache den Ritter! Na gut, dachte Sigrun, die sich wieder gefasst hatte, wir werden ja sehen. War das Brummen eine Stimme? – Tatsächlich, was da zwischen den scheppernden Schlägen brummte, war eine rauhe, dunkle, offenbar mürrische Stimme.

»Jetzt reichts mir aber . . .« – Scheppern – ». . . ich hab die Nase voll, und überhaupt . . .« – Scheppern – ». . . was soll ich mit dem ganzen Schrott . . .« – Scheppern und Stöhnen – ». . . O nein! Ich seh wohl nicht recht. Schon wieder so ein Knülch! . . . Na warte!«

Sigrun war nun fast bis zum Rand der Schlucht herangekommen. Sie stieg ab und schlich vorsichtig näher. Sie spähte hinunter – das war es also: Dort unten lag ein ganzer Haufen verbeulter Rüstungen! Helme, Panzer, Arm- und Beinschienen – alles kreuz und quer durcheinander. Sonst war nichts zu sehen. Es war jetzt vollkommen still.

Da fuhr Sigrun der Schreck in sämtliche Glieder. Vor ihr fuhr ein riesiger Drachenkopf in die Höhe. Der Drache fauchte und brüllte, schlug mit den Flügeln und hüllte sie in eine Wolke heißen Rauchs: »Verschwinde, wenn dir dein Leben lieb ist«, donnerte die Stimme, »denn ich werde euch Raubrittern den Garaus machen!«

Sigrun hustete und wedelte den Rauch weg. »Du brauchst nicht so viel Wind zu machen«, sagte sie so ruhig wie möglich, »ich will ja gar nichts von dir!«

»Jaja«, nörgelte der Drache schon etwas weniger furchterregend, »das sagen sie alle! Und dann wollt ihr mir doch an die Haut, Etuis für eure blöden Lanzen daraus machen! Ph!«

»Will ich nicht! Und Raubritter bin ich schon gleich gar nicht!«

»Du kannst mir viel erzählen. Ich murkse dich jetzt ab! Im Namen aller Drachinnen!«

»Dachrinnen?«

»Drachinnen, hab ich gesagt!«

Die Drachin brüllte, fauchte und qualmte noch einmal sehr effektvoll. Da riss sich Sigrun ihren Helm vom Kopf: »Glaubst du mir jetzt, dass ich kein Raubritter bin?«

Die Drachin hielt inne und beäugte Sigrun argwöhnisch.

»Du bist ja 'ne Frau!«

»Sigrun, die Ritterin.«

»Soso. Siehst ja eigentlich ganz nett aus«, brummelte die Drachin. »Ich bin Olga. Willst du runterkommen? Könntest mir eigentlich helfen!«

Sigrun kletterte den felsigen Abrund hinunter, wobei sie wieder über den unbequemen Harnisch schimpfte. Unten angekommen traute sie ihren Augen kaum. Die Höhle der Drachin sah aus wie ein Alteisenlager.

»Was willst du denn mit diesem ganzen Schrott?«, staunte Sigrun.

»Das weiß ich selbst nicht so recht«, brummte Olga und warf einen verbeulten Helm oben auf den Haufen, wo er mit hohlem Scheppern liegen blieb. »Das ist ja das Problem. Das Zeug liegt bloß im Weg rum. Pack mal mit an, bin gerade am Entrümpeln.«

Na, so was, dachte Sigrun, fragte aber nicht lange und half der Drachin die Eisenteile aufzusammeln. Während der Arbeit nörgelte Olga weiter vor sich hin. »Darf mich nur nicht so aufregen, dass ich Feuer speie, sonst wird das Zeug wieder flüssig . . .« Sie zerrte an einem Rückenpanzer – ». . . Gregor von der Zackenzinne, na, auf den kann

die Welt wahrhaftig verzichten . . .« – dann an einer Arm-
schiene – ». . . Isegrim von Fusselbart. Aufgeblasener An-
geber . . .« – dann an einem Helm – ». . . Baldumir der
Krätzige, ein wahres Ekelpaket und sowieso ein Hohl-
kopf . . .« Sie schleuderte alles in hohem Bogen davon und
rieb sich zufrieden die Krallen.

Nach einer Weile war die Höhle ausgeräumt und ein
riesiger Berg davor aufgetürmt. »So«, brummte Olga, »das
wars. Komm rein, wenn du dazu noch Lust hast.«

In der Höhle war es düster, die Wände waren feuerrot, ein
Feuer brannte und es roch nach Rauch und Schwefel. Aber
Sigrun fand es ganz gemütlich und als Olga ihr einen Platz
am Feuer anbot, setzte sie sich gern. Den lästigen Harnisch
hatte sie längst abgelegt. Vor Olga, das war ihr mittlerweile
klar, brauchte sie sich nicht zu fürchten.

»Und was machst du, wenn du gerade nicht am Entrümpeln bist?«, fragte sie.

»Dann«, sagte Olga, legte sich nieder und faltete die
schwarzroten Flügel ein, »dann bin ich voll und ganz
damit beschäftigt, meine Haut zu retten. Du weißt ja,
Drachenblut macht stark und deshalb ist jeder Raubritter
hinter meinem Blut her.« Vor Ärger fauchte und qualmte
sie ein bisschen. »Elendes Pack, diese Raubritter. Allzu
viele können aber nicht mehr übrig sein und die paar
werde ich auch noch aus dem Land verjagen.«

»Du bist das also!« Nun war Sigrun klar, weshalb sie in
letzter Zeit so viel Ruhe vor den Raubrittern gehabt hatte.

»So ist es. Ist auch alles gut und schön, aber wie du siehst,
ersticke ich langsam im Schrott.« Olga machte ein äußerst
mürrisches Gesicht.

»Na, da muss sich doch was machen lassen«, überlegte
Sigrun. »Ist außerdem mal wieder typisch. Auf meiner

Burg fehlts an allen Ecken und Enden an Material und du weißt nicht, wohin damit . . . Ach, dieser alte Kasten!« Beinahe bekam Sigrun wieder schlechte Laune, wenn sie daran dachte, in welch üblem Zustand sich ihre Burg befand.

»Was ist damit?«

»Müsste mal gründlich renoviert werden. Alles rostet und bröckelt vor sich hin und außerdem regnet es überall rein.«

»Und was hält dich davon ab, die Burg zu renovieren?«

»Na ja . . .«, jetzt machte Sigrun ein mürrisches Gesicht. ». . . eigentlich wäre ja alles ganz einfach. Nur . . .«

»Nur was?«

»Mir fehlts an der Zeit. Bin ja ständig hinter den Raubrittern her oder dabei, meine Burg zu verteidigen. Werkzeug hätt ich. Aber ich hab kein Gerüst und keine Schmiede . . .«

»Keine Zeit, kein Gerüst und keine Schmiede, soso.« Olga schaute Sigrun fest in die Augen. Dann sagte sie entschlossen: »Alles kein Problem.«

»Wie, kein Problem?«

»Na, hier liegt haufenweise Eisen rum, ich brauchs nur anzufauchen und schon wirds flüssig, und ständig nur Raubritter verkloppen ist mir sowieso schon lange zu blöde. Wir renovieren deine Burg. Von oben bis unten. Dann sind die ollen Raubritter sogar noch zu irgendetwas nütze, und ich werde den Krempel los. Das Erste, was wir machen, sind Dachrinnen!«

»Drachinnen?«

»Dachrinnen, hab ich gesagt. Die fangen schon mal einen Teil des Regenwassers ab und es regnet nicht mehr ständig rein. Aber das mit den Drachinnen ist gar keine so schlechte Idee, die werden dann nämlich die Wasserspeier! Was glaubst du, wie die Raubritter erschrecken. Ha!«

Olga sprang auf, breitete die Flügel aus, fauchte, brüllte

und qualmte – aber diesmal vor lauter Tatendrang. Donnerwetter!, dachte Sigrun.

»Was hältst du davon?«, fragte Olga.

»Bin Feuer und Flamme!«

»Nein, meine Liebe. Feuer und Flamme bin ich. Du bist Hammer und Zange!«

»Einverstanden«, sagte Sigrun und lachte.

Arm- und Beinschienen – das sahen sie sofort – würden die allerbesten Dachrinnen abgeben. Schnell luden sie die ersten Teile auf den Rücken der Stute, damit diese sie zur Burg brachte. Sigrun flog auf Olgas Rücken.

»Siehst du das?«, rief Sigrun plötzlich. »Das da unten sieht mir doch sehr nach Raubrittern aus!«

»Fein«, freute sich Olga, »die werden wir jetzt hübsch erschrecken. Halt dich fest!«

Olga setzte zum Sturzflug an und beide machten sie das schrecklichste Gebrüll. Es war ein Spaß zu sehen, wie die Raubritter die Beine in die Hand nahmen und schreiend, ihre Schilde über dem Kopf, in sämtliche Richtungen davonrannten.

»Was hab ich gesagt«, stellte Olga fest. »Zufrieden?«

»Und wie!«, lachte Sigrun und legte Olga freundschaftlich die Hand in den Nacken.

Unter ihnen tauchte die Burg auf. »Du liebe Güte!«, brummte Olga. »Diese Bruchbude? Na, prost Mahlzeit.«

Sie landete elegant im Burghof und schaute sich verdrießlich um. Dann sagte sie energisch: »Am besten fangen wir gleich an. Sonst wird das nie was. Hol mal dein Werkzeug!«

Olga war voller Energie und duldete keinen Widerspruch. Sie fauchte, qualmte und feuerte und Sigrun hämmerte die weich gefauchten Teile, die Olgas feuerfeste Krallen bestens halten konnten, in die richtige Form. Das ging so flink, wie es sich Sigrun nie im Leben hätte träumen lassen. Dann krallte sich Olga die Dachrinnen, hob Sigrun auf ihren Rücken und trug sie hinauf zum Dach. Auf Olgas Rücken stehend konnte Sigrun die Dachrinnen bequem befestigen. Wenn die Konstruktion an irgendeiner Stelle nicht richtig halten wollte, half Olga mit einem kurzen, feurigen Fauchen nach und schon war die Sache erledigt. Das Arbeiten war für beide ein Riesenspaß. Als sie dann genug hatten, hockten sie sich in den Burghof, verschnauften und schauten hinauf zu den neuen Dachrinnen, die in der Abendsonne glänzten. Sigrun strahlte von einem Ohr zum anderen: »Olga, das war die beste Idee überhaupt. Die Burg sieht jetzt schon viel besser aus!«

»Stimmt«, brummelte Olga. Auch sie war zufrieden, dass sie gar nicht richtig mürrisch sein konnte.

»Wirst schon sehen, in ein paar Tagen haben wir den ganzen Kasten aufgemöbelt. Und dann . . .«

»Und dann?«

»Dann machen wir noch die Drachinnen an die Dachrinnen.«

»Na«, freute sich Sigrun, »dann lassen mich die Raubritter aber bestimmt in Ruhe!«

Und so war es. Keiner der Raubritter wagte sich je mehr in die Nähe der Burg. Von dieser Zeit an wurde Ritterin Sigruns Burg nur noch die »Drachenburg« genannt und niemals ohne Schaudern erwähnt, denn Sigrun und Olga hatten sich zusammengetan. Nicht nur, dass sie die letzten Raubritter ein für alle Mal aus ihrer Gegend vertrieben – auch sonst heckten die beiden fürderhin noch allerlei zusammen aus.

Hans Rudolf Niederhäuser

Wie Peter in die Welt hinauszieht und die Liebe der schönen Magelone gewinnt

Vor alten Zeiten herrschte in der Provence ein edler Graf. Er hatte eine gütige und weise Frau zur Gemahlin, die ihm einen munteren Knaben schenkte. Peter ward er genannt. Er war der Eltern einzige Herzensfreude und sie erzogen ihn in ernstem christlichem Sinn.

Zum Jüngling herangewachsen übertraf er alle seine Genossen in den ritterlichen Tugenden, im edlen Waffenkampf und im Ritterspiel. Der junge Graf war beliebt nicht nur unter den Edlen des Landes, sondern auch beim einfachen Volk. Die Leute dankten Gott, dass einst ein so edler und gütiger Herrscher über sie regieren werde.

Als Peter zum Ritter geschlagen wurde, veranstaltete sein Vater zur Ehre des Sohnes ein glänzendes Fest, an dem die Ritter ihre Geschicklichkeit in friedlichem Kampfspiel

57

zeigten. Von weit her ritten die Edlen heran und suchten ihre Gegner aus dem Sattel zu stechen. Aber keiner übertraf an Kraft und Geschicklichkeit den jungen Grafen, so dass alle Ritter staunten und ihm freudig den Siegespreis zuerkannten.

Nach dem Turnier wurden die Wettkämpfer vom Grafen festlich bewirtet. Während der Tafel gaben sie mancherlei Geschichten von Jagden und Abenteuern zum Besten. Einer wusste von der schönen Magelone zu erzählen, der Tochter des Königs von Neapel; keine Jungfrau komme ihr gleich an Schönheit und Tugend und wer sie einmal gesehen habe, könne sie nimmer vergessen. Viele Ritter hätten schon um ihre Gunst geworben, aber sie habe ihr Herz noch keinem geöffnet. Und zu Peter gewandt sagte er: »Junger Graf, Ihr seid so tapfer, Ihr solltet jetzt in die Welt hinausziehen und Abenteuer suchen, dann würdet Ihr bekannt und berühmt und wer weiß, Ihr vermöchtet vielleicht gar das Herz der schönen Magelone zu gewinnen.« Diese Worte trafen Peter wie ein Pfeil und weckten seine Lust in die Welt zu ziehen um Abenteuer zu erleben.

Als die Gäste wieder fortgezogen waren und Peter seine Eltern bald darauf allein im Garten sitzend fand, trat er zu ihnen hin, beugte sein Knie und sprach: »Liebe Eltern, voll Dankbarkeit erkenne ich, wie ihr mich bis dahin geführt und wie viel Freude ihr mir bereitet habt. Viel habe ich bis dahin von dem Euren verzehrt, aber noch nichts habe ich getan, um bekannt zu werden und ritterlichen Ruhm zu erwerben. Darum bitte ich euch: lasset mich hinausziehen und der Welt Lauf erfahren.«

Als die Eltern diesen Wunsch Peters vernahmen, fiel es ihnen schwer aufs Herz. »Lieber Sohn«, antwortete der Vater, »du weißt ja, dass wir kein anderes Kind und keinen

Erben haben als dich. Alle unsere Hoffnungen und unser Trost ruhen auf dir. Misslänge es dir und du kämest nicht zurück – wovor uns Gott behüte –, so wäre die Herrschaft für unser Haus verloren.« Und die Mutter flehte: »Was willst du in die Welt ziehen? Reichtum, Waffenehre und edle Freunde hast du hier wie kaum ein Fürst in der Welt. Burg und Land, die einst dir gehören werden, sind schön und fruchtbar, was begehrst du denn noch mehr? Bedenke, dass du unsere einzige Freude bist, darum bitte ich dich, verlass uns nicht.« Peter erschrak, wie er die Eltern also reden hörte. Aber er begann aufs Neue zu bitten und sprach: »Liebe Eltern, ich möchte euch schon gehorsam sein, aber bedenket doch, dass ein junger Mensch nichts Besseres tun kann als die Welt beschauen und sich im Leben üben und erproben, darum gewährt mir die Bitte. Ich wünsche nichts Unbilliges, ist doch mein lieber Vater auch in die Welt hinausgezogen, als er jung war.«

Der Graf und die Gräfin erkannten wohl, dass der Wunsch in die Welt zu ziehen tief in seiner Seele Wurzel gefasst, schwankten aber noch zweifelnd, ob sie die Reise erlauben oder noch aufschieben sollten. Noch immer kniete Peter flehend vor ihnen. Endlich brach der Vater das Schweigen und sagte: »Lieber Sohn, da du diesen starken Willen hast die Welt zu sehen, so geben deine Mutter und ich dir Erlaubnis. Doch unternimm nichts, was deine Ehre befleckt. Behalte Gott im Sinn und kehre nach Jahresfrist wieder zu uns zurück. Wähl dir Pferd und Rüstung, die dir gefallen, an Gold und Silber soll es dir auch nicht fehlen.« Voll Freude sprang Peter auf und umarmte seine Eltern. Schnell waren die Vorbereitungen getroffen. Die Mutter nahm ihn vor der Abreise in ihre Kammer, schenkte ihm drei kostbare Ringe und sprach: »Suche immer gute

Gesellschaft und meide die böse. Denke an uns und komme bald wieder.« Dann umarmte sie ihn weinend und gab ihm den Abschiedskuss.

In der Morgenfrühe verließ Peter das väterliche Schloss und ritt frohgemut von dannen. Er überquerte die Alpen, ritt durch ganz Italien und traf als Unbekannter in Neapel ein, wo der Vater der schönen Magelone Hof hielt. Auf dem Fürstenplatz bezog Peter eine Herberge. Er fragte seinen Wirt nach den Gebräuchen und Gewohnheiten des königlichen Hofes. Der Wirt erzählte ihm ausführlich, dass vor kurzem der Ritter Crappana aus Sizilien eingetroffen sei, der um die Prinzessin werbe. Seinetwegen habe der König auf den kommenden Sonntag ein Turnier angesagt, an dem sich dieser mächtige Ritter stelle und um die Gunst der Königstochter werbe. Peter fragte, ob auch fremde Ritter zum Kampfspiel zugelassen seien, und der Wirt bejahte es.

Nun ließ sich Peter zu Ehren des Apostelfürsten Petrus, der die Himmelsschlüssel verwaltet und dessen Namen er trug, von einem Goldschmied zwei silberne Schlüssel auf Helm und Schild anbringen als Zier und Erkennungszeichen. Auch die Pferdedecke ließ er mit vier Schlüsseln zieren.

Am Sonntagmorgen stand Peter früh auf und ließ sein Pferd zäumen. Mit Helm und Harnisch prächtig gerüstet, erschien er auf dem Kampfplatz, als die Trompeter zur Versammlung bliesen. Da er fremd und unbekannt war, kam er in der Reihe der turnierenden Ritter zuhinterst zu stehen. Sobald der König und die schöne Magelone mit ihren Jungfrauen auf dem Schaugerüst Platz genommen hatten, trat ein Herold hervor und rief im Namen des Königs: »Wer willens ist, zum Preis der Jungfrau Magelone eine Lanze zu brechen, der reite auf die Bahn.« Da ritt als Erster Herr Heinrich von Crappana in die Schranken. Gegen ihn trat ein Ritter des Königs auf. Rasch sprengten die beiden gegeneinander. Herr Heinrich traf seinen Gegner im ersten Anhieb so gut, dass dieser bügellos im Sattel hing und vor Schreck die Lanze fahren ließ. Diese fiel unglücklicherweise dem Roß des Herrn Heinrich zwischen die Beine. Das Pferd strauchelte und stürzte mit seinem Herrn, während sich der Königsritter wieder aufrichten konnte. Das ging so schnell, dass viele glaubten, der Königsritter hätte Herrn Heinrich besiegt. Die Freunde des Höflings verbreiteten auch alsogleich, Herr Heinrich sei aus dem Sattel geworfen worden, und sprachen dem königlichen Ritter den Sieg zu. Dies verdross Herrn Heinrich so, dass er sich aus dem Turnier zurückzog. Das tat Peter Leid, der wohl gesehen hatte, wie der Ritter zu Fall gekommen war.

Als nun der Herold zum zweiten Kampf aufrief, sprengte Peter in die Schranken. In großem Zorn ritt er gegen den Königlichen an, und ehe sichs dieser versah, lag er rücklings im Sand. Alle Zuschauer staunten. Auch der König wunderte sich über diese Geschicklichkeit und sandte einen Herold um zu erfahren, wer der Ritter sei und woher er stamme. Peter gab zur Antwort: »Sage deinem Herrn, dem König, dass er keine Missachtung darin sehen möge, wenn ich ihm meinen Namen vorenthalte, denn ich habe geschworen niemandem zu bekennen, wer ich bin.« Peter wollte nicht durch seinen königlichen Namen, sondern durch seine ritterlichen Taten Ruhm und Ehre gewinnen. Und so fuhr er fort: »So viel kannst du aber dem König sagen: Ich sei ein armer Edelmann aus Frankreich, der ausgezogen sei bei Frauen und Jungfrauen Ruhm und Ehre zu erlangen.« Der König begnügte sich mit dieser

Antwort und nahm sie als Ausdruck der Bescheidenheit des Ritters.

Als das Turnier seinen Fortgang nahm, fing Peter erst recht an, seine Kunst zu zeigen: jeden Ritter warf er in den Sand, sodass ihm vom König der Sieg des Tages zugesprochen ward. Unter den Frauen und Jungfrauen des Hofes war ein Raunen und Raten, wer wohl der Ritter mit den silbernen Schlüsseln sei, und seine Tapferkeit war in aller Munde.

Die schöne Magelone hatte den Schlüsselritter mit Wohlgefallen betrachtet und er kam ihr nicht aus dem Sinn. Sie bedrängte den Vater und bat ihn das Turnier fortzusetzen. Der Vater gewährte ihr diesen Wunsch. Als am andern Tag die Trompeten wieder zur Sammlung schmetterten, trat zur Freude der Prinzessin auch der Schlüsselritter auf den Platz. Es war ein munteres Rennen und Stechen. Jedes Mal, wenn der Schlüsselritter in die Schranken trat, errötete die Jungfrau vor Freude, sah unverwandt auf ihn und verfolgte jede seiner Bewegungen. Auch an diesem Morgen siegte er über alle. Der König empfand Wohlgefallen an dem fremden Ritter. Er sagte sich, dieser könne aus keinem niederen Geschlecht stammen, denn sein Wesen zeuge von Würde und hohem Adel.

Sowie das Turnier zu Ende war, ließ er die Ritter alle zur Tafel bitten. Darüber freute sich Peter, denn nun konnte er hoffen die schöne Magelone von Nahem zu sehen. Als er mit den geladenen Gästen festlich gekleidet in den Saal trat, begrüßte ihn der König vor allen huldvoll. Der Sieger hatte die Ehre, am Tisch der Königstochter gegenüberzusitzen. Reich war die Tafel beladen, die besten Gerichte wurden vorgelegt, aber der Ritter achtete kaum der köstlichen Speisen. Wie bezaubert musste er immer die Prinzessin anschauen und bestaunen. Ihre Schönheit, ihr Liebreiz übertrafen alle Erwartungen. Er dachte in seinem Herzen, dass es auf Erden kein schöneres Weib geben könne als Magelone. Wahrlich, die Jungfrau vereinte in ihrem Benehmen hohen Adel mit natürlicher Herzlichkeit und wenn sie ihn etwas fragte, lächelte sie ihm so freundlich zu, dass in seinem Herzen die Liebe entflammte. Er sprach zu sich selbst: Der ist wahrhaft glücklich zu nennen, der ihrer Liebe teilhaftig wird. Dabei dachte er nicht an sich selbst, wusste er ja, dass der Ritter Crappana vom König zum Bräutigam erkoren war.

Als die Tafel aufgehoben wurde, geschah allerlei Spiel, Reigentanz und Kurzweil. Der König erlaubte seiner Tochter, dass sie noch im Saal verweile und sich mit den Rittern unterhalte. Also begab es sich, dass die schöne Magelone den Ritter mit den silbernen Schlüsseln zu sich berief und ihn bat von seinem Vaterland zu erzählen. Sie sagte ihm: »Edler Ritter, der König, mein Vater, und wir alle haben großes Wohlgefallen gefunden an Euch und Euren ritterlichen Taten; ich soll Euch darum bitten, dass Ihr, sooft es Euch Freude macht, zu uns an den Hof kommt. Gerne hörten wir Euch mehr von Eurer Heimat erzählen.« Glücklich antwortete Peter: »Wie soll ich armer Ritter für solche Gnade danken? Es ist für mich eine hohe Ehre Euch dienen zu dürfen.« Nun war es Zeit, dass die Frauen mit der Königin sich zurückzogen. Beim Abschied schaute Magelone den Schlüsselritter mit herzlicher Freundlichkeit und Güte an und durch diesen Blick ward er tiefer verwundet in seinem Herzen als je zuvor.

Da nun Peter nach dem Fest glückstrahlend in die Herberge kam, bedachte er alles, was er zuvor erlebt: Er erinnerte sich der unvergleichlichen Schönheit; sein Herz wiederholte alle die freundlichen Worte und jeden huldvollen

Blick der Jungfrau. Und er war so tief bewegt, dass er weder Rast noch Ruhe mehr fand.

Aber auch Magelone, als sie in ihrer Kammer allein war, dachte an niemand als an den Ritter mit den silbernen Schlüsseln und fragte sich, wie er wohl heiße und woher er stamme. Nicht konnte sie glauben, dass er aus geringem Geschlecht sei. Was sie so ganz erfüllte und sie bald weder essen noch schlafen ließ, teilte sie ihrer Amme mit, denn die war ihr treu ergeben.

Die Amme erschrak, als ihr Magelone ihre Liebe zum Schlüsselritter offenbarte. »Liebes Kind«, sagte die Alte, »du bist aus edelstem Stand, mancher der mächtigsten Herren würde sich freuen, wenn er dich zur Gemahlin bekäme, und du setzest deine Hoffnungen auf einen unbekannten, fremden Ritter? Schlage dir solche Gedanken aus dem Herzen und lösche das Feuer, ehe es zur verzehrenden Flamme wird. Bedenke auch, welche Hoffnungen und Pläne dein Vater hegt.« Magelone verstand die Alte wohl, aber die Hinneigung zu dem fremden Ritter war so stark, dass sie ihrer selbst nicht mehr mächtig war. »Ach, liebe Amme, ich sterbe vor Kummer und Schmerzen, wenn du mir nicht hilfst.« Die Sinne schwanden ihr, ohnmächtig sank sie auf ihr Lager. Als sie wieder zu sich kam, sprach sie:»Liebe Amme, ich bin gewiss, dass er von hoher Geburt ist, wie wäre es auch anders möglich, wenn solche Tugenden ihn zieren? Geh zu ihm und frage ihn in meinem Auftrag um Namen und Stand, damit ich Gewissheit bekomme.« Als die Amme erkannte, wie tief Magelones Liebe zu dem fremden Ritter war, brachte sie es nicht übers Herz ihr diese Bitte abzuschlagen und sie versprach ihr das Mögliche zu unternehmen und den Ritter bei guter Gelegenheit anzusprechen.

Ursula Wölfel

Die SALZ-Geschichte

Zur Raubritterzeit grub ein Bauer einen Brunnen. Er hatte noch gar nicht tief gegraben, da sprudelte eine heiße, salzige Quelle aus der Erde. Damals war Salz beinahe so wertvoll wie Gold. Es gab nur an wenigen Plätzen Steinsalz in der Erde und nicht alle Leute wohnten am Meer. Es gab auch nur wenige salzige Quellen.

Der Bauer war kein freier Mann. Er und seine Familie gehörten dem Ritter, als wären sie sein Vieh oder sein Tisch oder seine Stiefel. Natürlich gehörten dem Ritter auch die Felder und der Hof mit Kühen und Schweinen. Der Bauer musste dem Ritter sagen, was er gefunden hatte. Auch die Salzquelle gehörte dem Ritter.

Sofort wurde überall von der neuen Salzquelle geredet. Da freute sich ein anderer Ritter, dem gehörte das Nachbardorf. Der Hof mit der Salzquelle lag nämlich nah an der Grenze und die Quelle sprang genau auf der Grenzlinie aus der Erde. »Mein ist der Salzquell!«, sagte der andere

Ritter. Er rief seine Kriegsknechte zusammen und sie ritten los.

Natürlich erfuhr das der eine Ritter. Als der andere beim Salzquell ankam, stand der eine schon dort. Auch er hatte seine Kriegsknechte mitgebracht. Er rief: »Du Satansbraten! Mein ist der Salzquell! Mein Bauer hat ihn entdeckt!« Der andere rief: »Du Höllenbrut! Mein ist der Salzquell! Das Wasser läuft zu meiner Seite hinüber!«

So beschimpften sie sich eine Weile, dann gingen sie aufeinander los. Die Spieße splitterten, die Schwerter klirrten, von den Rüstungen stoben die Funken und die Pferde wieherten und stampften. Sie trieben sich drei Stunden lang hinüber und herüber und auf beiden Seiten wurde immer mehr Weideland zertrampelt.

Die Bauern sahen zu. Sie feuerten die Ritter und die Kriegsknechte an. Die Frauen und Kinder rannten und trieben die Kühe von der Weide in die Ställe. Dann hatten sie genug vom Salzkrieg. Sie machten runde Batzen aus dem heißen Schlamm, damit beschmissen sie die Männer rechts und links, die eigenen und die anderen. »Ihr Hohlköpfe!«, riefen sie. »Seht ihr nicht, was ihr anrichtet? Ein Jahr lang wird hier kein Gras mehr wachsen, nicht so viel, dass eine einzige Ziege davon satt wird! Teilt euch den Salzquell oder wir stopfen euch die Mäuler!«

Denn wer solch einen warmen, salzigen Pfannkuchen ins Gesicht bekam, der musste sich erst einmal die Augen wischen und spucken und husten.

Da hatten auch die Männer endlich genug vom Salzkrieg. Sie zogen nach Hause, jeder zu seiner Seite, und die einen und die anderen sagten: »Wir haben gesiegt!«

Sie teilten sich den Salzquell, aber erst viel später, und es gab dabei immer noch genug Streit, aber nur mit Worten.

Charles Perrault

Blaubart

Es war einmal ein Ritter, der besaß viele Häuser in der
Stadt und viele Schlösser auf dem Lande und silbernes
und goldenes Tafelgeschirr und Möbel voll kostbarer
Stickereien und vergoldete Karossen und Kasten voll Geld
– aber er besaß einen blauen Bart und das gab ihm ein so
abstoßendes Aussehen, dass Weiber und Mädchen ihn
weder leiden noch sehen mochten.

Eine seiner Nachbarinnen, eine vornehme, aber arme
Dame, hatte zwei sehr schöne Töchter. Er warb bei ihr, es
der Mutter überlassend, welche von beiden sie ihm geben
wolle. Sie mochten aber alle beide von dieser Partie nichts
wissen und eine wollte ihn der andern aufreden, da sich
keine entschließen konnte, einen Mann mit blauem Barte
zu heiraten. Auch hatte es etwas Abschreckendes, dass
Blaubart schon mehrere Male verheiratet gewesen und
dass man nicht wusste, was aus seinen bisherigen Frauen

geworden. Es war das jedenfalls ein verdächtiger Umstand.

Blaubart aber kannte die Weiber und die Mittel ihnen die Köpfe zu verdrehen. Er lud die Mutter und die Töchter samt einigen ihrer Freundinnen und mehrere junge Männer auf eines seiner Schlösser, wo man sich durch acht Tage aufs Angenehmste unterhielt. Da ging es hoch und lustig her: nichts als Landpartien, Bälle, Mahlzeiten, Gesellschaftsspiele, Neckereien, dazu wohlangebrachte Geschenke an die Mädchen wie an die Mutter und an die Freundinnen, die auf die Schwestern am meisten Einfluss hatten.

Kurz, nach acht Tagen fand die jüngere Schwester, dass der Bart ihres Wirtes nur bläulich, nicht blau, und dass er selbst im Ganzen und Großen ein recht galanter Ritter und höchst annehmbarer Ehemann sei. Wenige Wochen nach diesen Lustbarkeiten war Hochzeit.

Nach Verlauf des Honigmondes sagte Blaubart zu seiner Frau: »Ich muss in sehr wichtiger Angelegenheit eine längere Reise machen, die mich wohl sechs Wochen lang von dir, mein Engel, und von meinem jungen Glücke trennen wird. Betrübe dich darum nicht allzu sehr; im Gegenteil, lasse deine Freundinnen kommen und unterhalte dich während meiner Abwesenheit so gut als möglich. Hier übergebe ich dir die Schlüssel zu meinen Vorrats- und Schatzkammern, denn was mir gehört, gehört dir, und schalte und walte du damit nach Belieben. Dieser Schlüssel führt zum Saal der Gold- und Silbergeschirre, die man nicht täglich braucht, dieser zu meinen Kassen voll Gold und Silber, dieser zu den Kisten, in denen ich meine Diamanten aufbewahre, und dieser hier ist der Hauptschlüssel, der alle Türen öffnet. Was nun dieses kleine Schlüsselchen betrifft, so führt es in das kleine Gemach am Ende der großen Galerie. Gehe du überallhin, wohin es dir beliebt, öffne alle Türen, wie du willst, aber ich verbiete dir aufs Strengste, in jenes kleine Kabinett einzutreten. Sollte es dir dennoch begegnen, dass du es öffnest, so wisse, dass du von meinem Zorne das Schrecklichste zu erwarten hast.« Sie versprach und beteuerte seine Verordnungen aufs Gewissenhafteste zu beachten. Er umarmte sie zärtlich, stieg zu Roß und ritt davon.

Die Nachbarinnen, Gevatterinnen und Freundinnen warteten nicht, bis man sie abholte. Kaum war Blaubart abgeritten, als sie schon herbeikamen, neugierig, wie sie waren, alle Reichtümer und Herrlichkeiten der jungen Frau zu sehen, während sie bisher nicht gewagt hatten sie zu besuchen, aus Furcht vor dem blauen Barte. Da liefen sie nun voll Neugierde durch Zimmer und Zimmerchen, durch Säle und Sälchen und Schatzkammern und konnten sich nicht genug verwundern und manche beneidete die glückliche Blaubärtin. Diese Tapisserien, diese Sofas, diese Lehnstühle, diese ausgelegten Tische – es war alles über alle Beschreibung reich und schön, jedes Kabinettchen ein grünes Gewölbe. Am schönsten aber waren die großen Spiegel mit den prachtigen Rahmen, in denen das häßlichste Frauenzimmer reizend aussah. Sie waren alle wie berauscht von den schönen Sachen, und manche bedauerten, dass es nicht noch viele solche Blaubärte in der Welt gab.

Am wenigsten unterhielt sich bei alldem die Beneidete, die Frau des Hauses selbst. Sie war zerstreut, sie konnte es nicht erwarten hinabzusteigen in die Galerien und das kleine Kabinett zu öffnen. Die Neugierde verzehrte sie und am Ende hielt sie es nicht länger aus, verließ unartigerweise ihre Gesellschaft und schlüpfte über die verborgene Wendeltreppe so schnell hinab, dass sie zwei- oder dreimal in Gefahr war den Hals zu brechen. Erst vor der Türe des kleinen Kabinetts kam sie einigermaßen zur Besinnung und überlegte, ob es auch recht sei die Verbote des Gatten so sehr außer Acht zu lassen und ob ihr aus ihrem Ungehorsam nicht etwelches Unglück erwachsen könne.

Sie erinnerte sich des Gesichtes, das Blaubart gemacht hatte, als er ihr einschärfte das Kabinett nicht zu öffnen, und sie schauderte. Aber die Versuchung war zu groß. Sie konnte nicht widerstehen – und schon hielt sie das kleine Schlüsselchen in der Hand und schon hatte sie, obwohl zitternd, die Türe geöffnet.

Zuerst sah sie nichts, gar nichts, weil die Fenster geschlossen waren. Nach einigen Minuten sah sie, dass der Boden mit geronnenem Blut bedeckt war und in dem Zimmer tote Frauen lagen. Es waren das die Frauen, die Blaubart früher geheiratet und die er alle, eine nach der andern, umgebracht hatte. Sie war halb tot vor Schrecken und das Schlüsselchen, das sie aus dem Schlosse gezogen, entfiel ihren Händen.

Nachdem sie sich wieder gefasst, hob sie das Schlüsselchen auf, schloss die Türe und lief in ihr Zimmer um sich zu sammeln und von ihrem Schrecken zu erholen. Aber das wollte ihr nicht gelingen, so sehr erschrocken und aufgeregt war sie.

Da sie bemerkte, dass das Schlüsselchen mit Blut befleckt war, wischte sie es zwei- und dreimal ab, aber das Blut wollte nicht weichen. Sie mochte es noch so sehr waschen und mit Sand und Bimsstein reiben, der Blutfleck blieb nach wie vor, denn der Schlüssel war ein Zauberschlüssel, da half nichts. Und wenn der Blutfleck an einer Stelle verschwand, kam er an einer andern wieder zum Vorschein.

Blaubart kehrte noch am selben Abend von der Reise zurück und erzählte, dass er durch Briefe, die er unterwegs erhalten, in Erfahrung gebracht, dass die Reise überflüssig und dass seine Angelegenheiten aufs Beste geordnet seien. Seine Frau tat alles Mögliche um ihn glauben zu machen, dass sie über seine frühe Rückkehr hoch erfreut sei.

Am nächsten Morgen verlangte er die Schlüssel zurück. Sie übergab sie ihm, aber mit so arg bebenden Händen, dass er leicht erriet, was geschehen war.

»Wie kommt es«, fragte er, »dass der kleine Schlüssel zum Kabinett hier fehlt?«

»Ich werde ihn wohl oben auf dem Tische haben liegen lassen.«

»Vergiss nicht, mir ihn alsbald zu bringen«, sagte Blaubart.

Sie schob es mehrere Male auf, aber am Ende musste sie den Schlüssel denn doch herbeibringen.

Blaubart betrachtete ihn und sagte dann: »Wie kommt Blut an diesen Schlüssel?«

»Ich weiß es nicht«, antwortete das arme Weib, blass wie der Tod.

»Du weißt es nicht«, schrie Blaubart, »ich aber weiß es, ich! Du wolltest in das Kabinett! Nun wohl, du sollst deinen Willen haben, du wirst hineinkommen in dieses Kabinett und wirst deinen Platz einnehmen neben den Damen, die du dort zu sehen das Vergnügen hattest.«

Sie warf sich ihm zu Füßen, weinte und bat um Verzeihung und Gnade mit allen Zeichen der Reue. Sie weinte, wie man sich denken kann, vergebens, denn Blaubart hatte ein Herz von Stein.

»Du musst sterben«, sagte er gefasst, »und zwar gleich.«

»Wenn ich schon sterben muss«, sagte sie mit vor Tränen zitternder Stimme, »so lass mir nur so viel Zeit um mein Gebet verrichten zu können.«

»Ich gewähre dir eine halbe Viertelstunde und keine Minute mehr.«

Als er sie allein ließ, rief sie ihre Schwester und sagte zu dieser: »Schwester Anna, ich bitte dich, steige auf den Turm, so hoch du kannst, und sieh, ob nicht meine Brüder kommen. Sie haben sich auf heute zu Besuch angesagt und wenn du sie kommen siehst, mache ihnen Zeichen, dass sie sich beeilen.«

Schwester Anna stieg auf den Turm, so hoch sie konnte, und die arme Betrübte rief von Zeit zu Zeit zu ihr hinauf: »Anna, Schwester Anna, siehst du nichts kommen?«

Und Schwester Anna antwortete: »Ich sehe nur die Sonne, die schimmert, und das grüne Gras, das glitzert.«

Unterdessen stand Blaubart, mit einem großen Messer in der Hand, unten und rief aus Leibeskräften zu seiner Frau hinauf: »Komme rasch herunter oder ich steige hinauf!«

»Noch einen Augenblick!«, antwortete seine Frau, und dann rief sie leise: »Anna, Schwester Anna, siehst du nichts kommen?«

Und Schwester Anna antwortete: » Ich sehe nur die Sonne, die schimmert, und das grüne Gras, das glitzert.«

»So komm doch!« schrie Blaubart, »oder ich steige hinauf!«

»Ich komme!«, antwortete seine Frau, dann rief sie: »Anna, Schwester Anna, siehst du nichts kommen?«

»Ich sehe«, erwiderte Anna, »einen großen Staub, der sich von jener Seite erhebt.«

»Sind es meine Brüder?«

»Ach nein, meine Schwester, es ist eine Schafherde.«

»Willst du nicht endlich kommen?«, schrie Blaubart.

»Noch eine Minute«, antwortete seine Frau, dann rief sie: »Anna, Schwester Anna, siehst du nichts kommen?«

»Ich sehe«, antwortete Schwester Anna, »ich sehe zwei Reiter von jener Seite kommen, aber sie sind noch sehr weit.« Und einen Augenblick später rief sie: »Gott sei gelobt, es sind die Brüder. Ich mache ihnen, so viel ich kann, Zeichen, dass sie sich beeilen.«

Blaubart schrie und rief jetzt so stark, dass das Haus zitterte. Das arme Weib stieg hinab, warf sich ihm zu Füßen, weinte und jammerte ganz fürchterlich und rang die Hände.

»Das führt zu nichts«, sagte Blaubart, »du musst sterben!« Dann griff er mit einer Hand in ihr Haar, mit der andern schwang er das große Messer um ihr den Kopf abzuschneiden. Die arme Frau wandte sich zu ihm, sah ihn mit brechenden Augen an und bat noch um einen Augenblick, um sich zu sammeln.

»Nein! Nein! Empfiehl deine Seele Gott aufs Beste!«, rief er und hob den Arm ... In diesem Augenblick schlug man so gewaltig an die Tür, dass Blaubart stutzte. Man öffnete sogleich. Zwei Ritter mit gezückten Schwertern traten ein und stürzten sich geradewegs auf Blaubart.

Er erkannte die Brüder seiner Frau und wollte auf und davon gehen, aber die Brüder verfolgten ihn auf dem Fuß, erwischten ihn, bevor er aus dem Hause war, stießen ihm die Degen mitten durch den Leib und streckten ihn tot hin. Die arme Frau, die fast ebenso tot war wie ihr Gatte, hatte kaum Kraft genug um sich zu erheben und ihre Brüder zu begrüßen. Blaubart hatte keine Anverwandten und so fiel die ganze Erbschaft seiner Frau zu. Einen Teil ihres ungeheueren Vermögens gab sie ihrer Schwester Anna und verheiratete sie mit einem trefflichen jungen Mann, der sie seit langem liebte. Einen anderen Teil überließ sie ihren Brüdern, die als Soldaten das sehr wohl brauchen konnten, und den Rest brachte sie einem soliden Manne zu, an dessen Seite sie im Glücke die schweren Stunden ihrer kurzen Ehe mit Blaubart vergaß.

Max Bolliger

Wie Georg den Drachen bezwang

*I*n einem See in der Nähe der Stadt Silena hauste ein
schrecklicher Drache. Wo er hintrat, verwüstete er Felder
und Wiesen. Auch den mutigsten Kriegern gelang es
nicht, das Tier zu töten.

Um den Drachen zu besänftigen, beschlossen die verzwei-
felten Menschen ihm jeden Tag zwei Schafe vorzuwerfen.
Doch die Schafe waren bald aufgefressen und die Gier des
Tieres wurde immer größer.

Es forderte Menschenopfer.

»Wenn wir ihm nicht zu Willen sind, wird das Tier in die
Stadt eindringen und sie zerstören«, fürchteten die Bewohner.

Die Opfer wurden durch das Los bestimmt. Auch Kinder
blieben nicht verschont.

Eines Tages traf das Los die einzige Tochter des Königs.

»Nehmt die Hälfte meines Reiches, aber lasst mir mein
Kind«, bat der König.

»Das hilft uns nichts«, sagten die Leute. »Auch du sollst dich an unsere Abmachung halten, sonst werden wir uns rächen.«

Aus Erbarmen gewährten sie dem König acht Tage Zeit um von seiner Tochter Abschied zu nehmen.

Nach dieser Zeit ließ der König die Prinzessin mit den schönsten Kleidern schmücken und führte sie vor die Tore der Stadt.

Als das Mädchen allein zum See lief, kam ihr ein fremder Ritter auf einem braunen Pferd entgegen.

Es war Georg.

»Warum weinst du?«, fragte er.

»Ich muss sterben«, antwortete die Prinzessin. »Ein schrecklicher Drache bedroht uns. Fliehe.«

Doch Georg zeigte keine Angst.

»Ich will versuchen dich zu retten«, sagte er.

In diesem Augenblick fing das Wasser an zu brodeln und zu schäumen. Aus den Wellen stieg der Dache ans Ufer. Georg ritt ihm entgegen und bevor er sich wehren konnte, erstach er ihn mit seiner Lanze.

Der König und das Volk, die alles aus der Ferne mit angesehen hatten, jubelten dem Ritter zu. Aber Georg sagte: »Gott hat mir die Kraft geschenkt euch von dem Drachen zu erlösen. Nicht mir, sondern ihm müsst ihr danken.«

Der König belohnte Georg mit Gold und Silber und Edelsteinen. Georg verteilte die Schätze unter die Armen der Stadt und kehrte in seine Heimat zurück.

Gelebt hat Georg um das Jahr 300. Er stammte aus Kappadozien und war Offizier im Heer des römischen Kaisers Diokletian. Der Kaiser schätzte seine Tapferkeit, aber als er erfuhr, dass Georg sich zum Christentum bekannte, ließ er ihn zu Tode foltern. Georg gilt heute noch als Vorbild christlicher Tapferkeit. Er ist der Schutzpatron der katholischen Pfadfinder, der Nationalheilige Englands und einer der »Vierzehn Nothelfer«. In Österreich und in Süddeutschland besteht an einigen Orten auch heute noch der Brauch mit einem Umzug, dem Georgiritt, die Pferde zu segnen. Sein Namenstag wird am 23. April gefeiert.

Roy Gerrard

Sir Conrad
Eine Ritterballade
in deutsche Verse gebracht von Tilde Michels

Sir Conrad kommt herab vom Schloss
auf Baldur, seinem stolzen Ross.
Er trabt ins Dorf und übers Feld
und schaut, ob alles gut bestellt.
Fragt auch, wie es den Leuten geht
und wie es mit der Ernte steht.
Ein jeder hat sein täglich Brot,
und keiner leidet bei ihm Not.
Gern reicht er jedem seine Hand;
man liebt ihn überall im Land.
Er könnte wohl zufrieden sein.
Doch ist er es? – Ach, leider nein!
Er langweilt sich, ist oft verdrossen
und deshalb hat er nun beschlossen
nach Ritterart sich aufzuschwingen
um Heldentaten zu vollbringen.

Und um die Zeit sofort zu nutzen

beginnt er gleich sein Schwert zu putzen.
Er ruft den treuen Roderich
und sagt: »Mein Freund, verstehe mich!
Ich kann nicht mehr zu Hause hocken.
Viel Dinge gibt es, die mich locken.
Mich dürstet sehr nach Abenteuern
mit Bösewichten, Ungeheuern.«
Freund Roderich wünscht ihm viel Glück
und sagt: »Komm wieder heil zurück!
Ich halt inzwischen hier die Wacht
und geb auf Schloss und Leute Acht.
Du hast jetzt einen langen Ritt.
Nimm auch ein Schinkenbrötchen mit!«

Sir Conrad reitet durch das Land
mit Schild und Lanze in der Hand.
Und alle Leute bleiben stehn,
so prächtig ist er anzusehn.

Auf seiner Reise kommt er bald
durch einen tiefen, finstern Wald.
Da steht ein Turm mit spitzem Hut
und auf der Brücke schnaubt vor Wut
der Schwarze Ritter Rabenbein.
Er brüllt: »Bleib stehn und halte ein!
Ich lasse keinen durch mein Land.«
Er schüttelt seine Eisenhand.
Sir Conrad stutzt und denkt bei sich:
Der Kerl ist wirklich fürchterlich.
Doch hoch vom Turm tönts leis: »Huhu!«
Prinzessin Hulda winkt ihm zu.
Der Schwarze Ritter Rabenbein

entführte sie bei Mondenschein.
Er sagte kurz und schroff und rauh:
»Dich, Hulda, nehme ich zur Frau!«
Weil Hulda aber rief: »Nein, nein,
nie werde ich Frau Rabenbein«,
hat er sie in den Turm gesteckt.
Dort sitzt sie, bleich und ganz verschreckt.

»Komm, Conrad, stell dich mir zum Kampf!
Ich heiz dir ein, ich mach dir Dampf!«
So brüllt der Ritter Rabenbein
und sticht gleich auf Sir Conrad ein.
Doch Conrad hat sich gut gewehrt;
er stößt den Rabenbein vom Pferd.
Und eh der Ritter richtig schaut,
ist er tropfnass bis auf die Haut.
Das stimmt den Schwarzen Ritter
sehr grimmig und sehr bitter.
Zuerst hat er so groß getan,
jetzt rennt er, was er rennen kann.
Prinzessin Hulda ist befreit.
Sie lässt sich voller Dankbarkeit
von Conrad in den Sattel heben.
»Du«, spricht sie, »rettest mir das Leben.
Vorbei ist endlich meine Not.«
Dann beißt sie in ein Butterbrot.

Sir Conrad lenkt sein braves Roß
sofort ins königliche Schloss.
Der ganze Hofstaat ist entzückt.
Die Königin seufzt tief beglückt.
Der König sagt: »Mein Freund, hab Dank!

Ich sorge gleich für Speis und Trank.
Ruh dich vor allem tüchtig aus,
mach dirs bequem im Königshaus.«

Sir Conrad lässt sich nicht lang bitten.
Dann sind die beiden ausgeritten.
Sie schweifen über Feld und Flur
und machen Rast in der Natur.
Der Koch hat ihnen mitgegeben,
was man so braucht zum guten Leben.
Sie stärken sich mit Wein und Torte
und wechseln viele zarte Worte.

Und schon am nächsten Morgen gleich,
bei einem Wasserrosenteich,
ergreift Sir Conrad Huldas Hand
und bittet: »Folg mir in mein Land
als meine schöne junge Frau!
Das Glück wird groß, ich fühls genau.«
Von Herzen gern, möcht Hulda sagen,
doch muss sie erst den Papa fragen.

Der alte König auf dem Thron
ist froh um diesen Schwiegersohn.
Gleich richtet man im großen Saal
die Tische für ein Freudenmahl.
Doch mittendrin im besten Schmaus,
da stürzt ein Bote in das Haus.
»Der Rabenbein steht vor den Toren
mit hundert Mann! Wir sind verloren.
Er will Prinzessin Hulda rauben,
das schwur er laut: Ihr könnt es glauben.«

Die Gäste hören mit Entsetzen
die Krieger ihre Schwerter wetzen.
Das Herz klopft bang in ihrer Brust
und keiner hat zum Kämpfen Lust.
Der eine sagt: »Verzeiht, ihr Herrn,
ich hülfe euch ja wirklich gern,
jedoch mir ist nicht gut im Magen.
Ich hab den Pudding nicht vertragen.«
Ein andrer ruft: »Grad fällt mir ein,
ich muss um drei zu Hause sein!«
Sie möchten lieber sich verstecken
vor Rabenbein und seinen Recken.

Sir Conrad, furchtlos und mit Ruh,
spricht: »Fasset Mut und hört mir zu!
Mit Rabenbein muss was geschehn;
so kann es nicht mehr weitergehn.
Er rauft und raubt, macht große Beute
und schont nicht mal die armen Leute.
Das Maß ist voll. Ich sage Schluss!
Jetzt kriegt er, was er kriegen muss.«
Sir Conrads Rede war nicht schlecht
und alle rufen: »Er hat Recht!
Los, Freunde, auf! Es muss halt sein.
Wir zeigens diesem Rabenbein!«

Und bald darauf mit Hieb und Stich
entbrennt der Kampf ganz fürchterlich.
Doch ist beendet er, noch eh
die Stunde schlägt zum Fünfuhrtee.
Sir Conrad hat ganz glatt gesiegt;
der Schwarze Ritter unterliegt.

In Ketten führt man ihn heran,
den wilden wüsten Rittersmann.
All seine Krieger sind geflohn,
jetzt hat er den verdienten Lohn.
Sir Conrad spricht zu Rabenbein:
»Du kannst noch ganz zufrieden sein.
Zwar stehst du hier und bist gefangen,
gehörtest wahrlich aufgehangen;
ich kann jedoch so sehr nicht hassen
und will dir drum dein Leben lassen.
Um eines aber muss ich bitten:
Lass ab von deinen rauhen Sitten!
Wenn du dein schlimmes Treiben
nicht aufgibst, nicht lässt bleiben,
dann sag ich dir, mein lieber Mann,
beim nächsten Mal, da bist du dran!«
Da schmilzt dem Ritter Rabenbein
sein hartes Herz; er sieht es ein.
Gerührt von so viel Edelmut
ist er von Stund an sanft und gut.

Vorbei sind Kampf und Reiberein.
Jetzt kann Sir Conrad Hulda frein.
Und bei der Glocken vollem Klang
schwört Treue er sein Leben lang.

Die beiden sind, in Stein gehaun,
im Schloss noch heute anzuschaun.
Das Denkmal für dies edle Paar
steht dort schon fünfmal hundert Jahr.
Doch immer noch hört man Geschichten,
die von Sir Conrads Ruhm berichten.

Carola Neudert

Die Geschichte von Linse, die ein Ritter werden wollte

Es lebte einst ein Ritter, der Richard hieß. Er war nur ein sehr kleiner Ritter mit einer kleinen Burg, auf der er zusammen mit seiner Frau Rosalinda und seinen Knechten Roland, Rolf und Robert und der Köchin Marta wohnte.

Rosalinda und Richard hatten eine Tochter, die Linse hieß. Das war natürlich für ein Mädchen ein äußerst ungewöhnlicher Name. Doch als Linse auf die Welt gekommen war, waren Richard und Rosalinda so glücklich über die Geburt ihrer Tochter gewesen, dass ihnen kein Name für ihr Kind schön genug schien.

Das Mädchen schlief also und trank und schrie, wie es Babys so tun. Und die Kleine wuchs und wurde älter und älter, während Rosalinda und Richard immer noch hin und her überlegten, wie sie sie nennen sollten.

Sie fertigten eine lange Liste mit Namen an. Als diese von

der Zinne des obersten Turmes bis in den Burggraben reichte, sprang Rosalinda auf und rief: »Jetzt ist es genug!« (Sie konnte sehr energisch sein, wenn sie wollte.)

»Marta soll entscheiden, wie sie heißen soll.«

Richard seufzte nur und sagte: »Wenn du meinst . . .«

Rosalinda schritt die dreihundert Wendeltreppenstufen von der obersten Turmspitze in die Küche hinunter zu Marta.

Die Köchin war gerade dabei Linseneintopf zu kochen. Sie hatte keinen sehr guten Tag, denn in der Nacht hatte die Burgkatze die ganze frische Milch weggeschleckt. Dann hatte Roland seine schmutzigen Socken auf Martas frische Wäsche geworfen und Ralf und Robert hatten vergessen den Pferdestall auszumisten. Außerdem hatte Marta Kopfweh.

Ganz klar ist aber trotzdem nicht, weshalb sie nun das sagte, was sie sagte.

Als nämlich Rosalinda zu Marta kam und sprach: »Marta, sag du, wie wir unser Kind nennen sollen!«, da rührte sie im Linseneintopf und brummelte ohne zu bedenken, welche schwerwiegende Entscheidung bei ihr lag: »Linse. Warum nicht Linse?«

Später versuchte sie natürlich, Rosalinda den Namen wieder auszureden, doch es war zu spät.

»Der Name ist gefunden und wird nicht wieder geändert«, sagte Rosalinda. (Und sie konnte sehr energisch sein, wenn sie wollte!)

Richard war auch damit zufrieden. Er liebte sein Mädchen, egal, wie sie hieß.

So wuchs Linse also auf der Burg ihres Vaters auf. Weil keine anderen Kinder da waren, mit denen sie spielen konnte, spielte sie eben alleine.

Sie kroch in die Rüstung ihres Vaters und klappte, nachdem sie die Spinnen vertrieben hatte, die in der Rüstung wohnten, das Helmvisier auf. Dann guckte sie heraus und erschreckte Roland, der hereinkam um seinen Nachmittagsschlaf in der Rüstungskammer zu halten.

Oder sie galoppierte auf ihrem Steckenpferd über den Hof, schrie und pikste Rolf mit ihrem Holzschwert in den Hintern, wenn er vorbeiging. Das mochte er gar nicht. Manchmal rannte er ihr nach und versuchte sie zu fangen. Das fand sie am allerlustigsten. Vor allem, weil er sie nie erwischte.

Oder sie balancierte auf der Burgmauer, womit sie ihre Mutter jedes Mal halb zu Tode ängstigte. Als Linse das erfuhr, tat sie es nur noch heimlich, denn ihrer Mutter wollte sie keinen Kummer machen.

Sie spielte noch viele andere Dinge, die alle ebenso lustig und aufregend waren. Zum Beispiel das Von-immer-höher-runterspringen-Spiel und das Immer-tiefer-tauchen-Spiel, das Steine-in-den-Burggraben-werfen-Spiel und das Fledermaus-streicheln-Spiel. Aber oft saß sie auch in der Küche und ließ sich von Marta Geschichten erzählen. Das waren tolle Geschichten von den großen Taten mächtiger Ritter, die sich alle einen Drachen suchten, der eine schöne Königstochter gefangen hielt. Dem Drachen schlugen sie den Kopf ab und die Prinzessin heirateten sie. So war das. Eines Abends (Marta hatte wieder eine ihrer Ritter-Drachen-Prinzessinnen-Geschichte erzählt) lag Linse in ihrem Bett wach und dachte nach. Sie dachte sehr lange und sehr scharf nach.

Schließlich war es finstere Nacht und Linse war fertig mit dem Denken. Sie warf die Bettdecke von sich, sprang aus dem Bett und rannte zu ihrem Vater, dem Ritter, der schnarchend in tiefstem Schlaf lag. Sie rüttelte ihn wach und rief: »Papa! Papa! Ich will Ritter werden! Hörst du?!« Richard fuhr hoch und seine Frau Rosalinda erwachte.

»Was willst du mitten in der Nacht, mein Kind?«, fragte sie erschrocken.

»Ich will Ritter werden!«, verkündete Linse noch einmal.

»Jetzt? Wo alles schläft?«, fragte Richard müde.

»Ja! Jetzt sofort!«, rief Linse ungeduldig.

»Aber das ist unmöglich, mein Kind«, meinte Rosalinda.

»Warum denn, Mama?«, fragte Linse verwundert. »Ist es zu dunkel?«

»Nein. Du kannst auch morgen kein Ritter werden«, entgegnete Rosalinda.

»Und übermorgen?«

»Niemals, mein Kind. Leider, denn du bist ein Mädchen.«
Linse schwieg eine Weile. Sie dachte angestrengt nach.

»Ach so!«, rief sie plötzlich. »Jetzt weiß ich, wie du das meinst. Aber mach dir keine Sorgen! Ich werde schon einen Drachen finden, der einen *Jungen* gefangen hält.« Damit ging sie sehr zufrieden zu Bett.

Rosalinda war etwas beunruhigt, doch Richard meinte, dieser Gedanke würde sich mit der Zeit schon wieder geben.

Er tat es nicht.

Linse wollte Ritter werden. Das stand fest.

Wie wird man aber Ritter? Ganz einfach.

Man besiegt einen Drachen und befreit eine Prinzessin – oder einen Prinzen. Es gab nur ein Problem: Drachen gab es nur sehr wenige. Und Drachen, die *männliche Prinzessinnen* gefangen hielten, waren noch seltener.

Während Linse überlegte, wie sie solch einen Drachen finden sollte, verging die Zeit.

Dann, genau drei Tage nach Linses siebzehntem Geburtstag, kam ein Brief. Er war an Richard gerichtet, und in ihm stand:

Hei Richart alta Hau Degen!
Hast wol nichd gedacht, vom mir mal wider was zu hörn. Das warn vileicht noch Zeiden, wo mir zwei jung warn unt zusamen rumreißten. Weist du noch, wo mir des eine See Ungeheur dakizlt haben?
A bro bo Ungeheur: In der Nä von meiner Burk is a bösa Trache. Der hat mein einsiges Kindt den Hari (eigendlich heisst er ia Haribaltus Grimbald) also den hat er geraupt. Ich und mei frau sind scho gans fazweivelt. Weil des is ein ser bösa Trachen. Es wirde dazu ein ser schtarker riter gepraucht werden der was den Trache pesigt. So einn wie du bist. Weil Ich unt mei frau sint in grosser sorge um den Hari. Er is swar schon sipzen Jar alt aber er is halt leider nichd nach mir geraden. Um es nich so schön aus zu trücken: Er is ein Feiklink. Unt der Trache is wirklich ser schtark. So wolte ich dir biten mir zu helfen.
Hagebald, Riter
Burk Schteilfels bei Schmalfelt

Richard las den Brief und runzelte dann voll Sorge die Stirn. Er fragte sich, ob sein großer Bauch überhaupt noch in die Rüstung passen würde. Außerdem war sein Schlachtross schon so alt, dass es kaum noch Zähne im Maul hatte.

Zwei Tage überlegte er hin und her. Dann erzählte er Rosalinda sein Problem. Auch sie begann angestrengt nachzudenken, wie Harribaldus Grimbald, der Sohn des Ritters Hagebald, wohl aus den Klauen des gefährlichen Drachen befreit werden könnte. Nach weiteren zwei Tagen begann Linse aufzufallen, wie schweigsam ihre Eltern waren. Beim Mittagessen sagte sie endlich: »Also raus mit der Sprache! Was ist los?«

Richard sah Rosalinda an.

Rosalinda sah Richard an. Dann seufzte Richard und reichte Linse den Brief. Sie las ihn.

Als sie fertig gelesen hatte, sprang sie auf und schrie: »Endlich! Jetzt kann ich endlich Ritter werden!«

Rosalinda und Richard waren sehr erschrocken, doch Linse lief sofort nach unten in den Burghof, zerrte das Schlachtross aus dem Stall und legte die Rüstung an.

»Aber Linse!«, rief die Mutter, die ihr nachgeeilt war.

»Das ist viel zu gefährlich!«, keuchte der Vater, der jetzt auch unten ankam. »Mit einem Drachen ist nicht zu spaßen!«

»Außerdem bist du doch ein Mädchen!«, rief wieder die Mutter.

»Und noch viel zu klein!« der Vater.

Linse schwang sich auf den Rücken des Rosses. Dann winkte sie ihren Eltern und schrie: »Keine Angst! Wenn ich wiederkomme, könnt ihr stolz auf mich sein!«

Dann ritt sie zum Tor hinaus.

»Das Pferd ist viel zu alt!«, rief Richard ihr nach.

»Die Rüstung ist verrostet«, meinte Rosalinda.

»Das Schwert schartig und stumpf«, murmelte Richard. Dann sahen sie sich an.

»Sie wird es schon schaffen«, sagte Richard schließlich.

Rosalinda nickte.

»Du hast Recht. Sie kann sehr energisch sein. Das hat sie von mir.«

So verließ Linse also die heimische Burg und zog aus um ein Ritter zu werden.

Josef Guggenmos

Ritter Rupert der Sampfte

Gäste waren auf die Burg gekommen. Man saß gerade beim Mittagessen. Es gab Bärenbraten. Die abgenagten Knochen warf man über die Schulter den Hunden zu, die sich darum rauften. Das war damals so üblich. Und während man so friedlich beim Essen saß, sagte Ritter Rupert der Sampfte (damals sagte man noch »sampft« statt »sanft«), er wolle jetzt seine größte Heldentat erzählen, die Geschichte mit dem Hufeisen.

»Eines Tages«, begann Ritter Rupert.

»Du musst sagen, eines schönen Tages«, unterbrach ihn seine Frau.

»Eines wunderschönen Tages«, begann Ritter Rupert noch einmal.

»So wunderschön war der Tag auch wieder nicht«, verbesserte ihn seine Frau. »Vergiss nicht, dass euch das Gewitter noch ganz schön eingeweicht hat.«

»Eines schönen, aber nicht wunderschönen Tages«, begann Ritter Rupert wieder, »als wir beim Mittagessen saßen, genauso wie jetzt . . .«

»Nicht genauso wie jetzt!«, rief seine Frau. »Vergiss nicht, wir haben heute Bärenbraten. Damals gabs Hirsch.«

»Als wir beim Mittagessen saßen, so wie jetzt, aber nicht Bärenbraten aßen, sondern Hirsch, da hörten wir plötzlich, wie der Mann auf dem Turm Alarm blies.«

»Vergiss nicht zu sagen, dass damals der rote Robert Dienst hatte, der mit dem halben Ohr.«

»Da hörten wir, wie der Mann auf dem Turm, der rote Robert mit dem halben Ohr, Alarm blies. Ich sprang auf und rannte ans Fenster.«

»Wobei du unterwegs über den Teppich gestolpert bist, über den dort mit den vielen Löchern.«

»Wobei ich unterwegs über den Teppich stolperte, über den dort mit den vielen Löchern, und als ich am Fenster war, rief ich zum Turm hinüber: Wo brennts? Da brüllte der rote Robert zurück . . .«

»Vergiss nicht zu sagen, dass du fünfmal rufen musstest, bis du ihn verstanden hast, weil im Hof die Hunde, die Gänse und die Leute durcheinander schrien.«

»Weil im Hof die Hunde, die Gänse und die Leute durcheinander schrien, musste ich fünfmal rufen, bis ich ihn verstand. Er brüllte: Ritter Lutz stiehlt dir dein ganzes Vieh! Da . . .«

»Du musst dazusagen, dass Ritter Lutz dein Bruder ist und dass ihm die Burg gehört, die man dort drüben auf dem Felsen sieht.«

»Ritter Lutz ist mein Bruder und ihm gehört die Burg, die man dort drüben auf dem Felsen sieht. Wir hatten uns schon als Jungen immer geprügelt und nun . . .«

»Wobei immer er es war, der dich verhauen hat.«

»Wobei immer er es war, der mich verhauen hat. Und nun hatte er schon dreimal versucht mir mein Vieh zu stehlen.«

»Vergiss nicht zu erwähnen, dass es acht Kühe waren und dass eine davon, eine rotscheckige, ein Horn verloren hatte.«

»Es waren acht Kühe und eine davon, eine rotscheckige, hatte ein Horn verloren. Als ich jetzt hörte, dass er wieder auf Raub aus war, zog ich schnell meine Rüstung an.«

»Vergiss nicht zu sagen, dass dir beim Anziehen ein Riemen gerissen ist und dass ich den Schaden mit einem Draht reparieren musste.«

»Beim Anziehen riss mir ein Riemen und da . . .«

So weit war Ritter Rupert der Sampfte mit seiner Erzählung gekommen, da ging die Tür auf, und herein trat ein Knecht (dass ichs nicht vergesse: Er hatte einen ziemlich struppigen Bart) und rief: »Wünsche wohl gespeist zu haben! – Wir sind fertig. Kanns losgehen?«

Da erhob sich Ritter Rupert der Sampfte und sprach: »Ich muss jetzt auf die Jagd. Mal sehen, ob wir eine Wildsau kriegen, sonst haben wir am Abend nichts zu essen. Wollt ihr mit?«

Die Gäste (dass ichs nicht vergesse, es waren zwei durchreisende Silberschmiede aus Augsburg, die bei Ritter Rupert ein paar Tage Rast machten) wollten sich die Wildsaujagd nicht entgehen lassen, und so brach man auf. Und Ritter Rupert kam nicht mehr dazu, seine Geschichte zu Ende zu erzählen.

So. Da stehen wir nun. Was es mit dem Hufeisen auf sich hatte – wir werden es nie erfahren. Und ich hätte doch zu gern gewusst, wie Ritter Rupert der Sampfte es fertig brachte eine Heldentat zu vollbringen!

Brüder Grimm

Einäuglein, Zweiäuglein und Dreiäuglein

Es war eine Frau, die hatte drei Töchter, davon hieß die älteste *Einäuglein*, weil sie nur ein einziges Auge mitten auf der Stirn hatte, und die mittelste *Zweiäuglein*, weil sie zwei Augen hatte wie andere Menschen, und die jüngste *Dreiäuglein*, weil sie drei Augen hatte, und das dritte stand bei ihr gleichfalls mitten auf der Stirne. Darum aber, dass Zweiäuglein nicht anders aussah als andere Menschenkinder, konnten es die Schwestern und die Mutter nicht leiden. Sie sprachen zu ihm: »Du mit deinen zwei Augen bist nicht besser als das gemeine Volk, du gehörst nicht zu uns.« Sie stießen es herum und warfen ihm schlechte Kleider hin und gaben ihm nicht mehr zu essen, als sie übrig ließen, und taten ihm Herzeleid an, wo sie nur konnten.

Es trug sich zu, dass Zweiäuglein hinaus ins Feld gehen und die Ziege hüten musste, aber noch ganz hungrig war, weil ihm seine Schwestern so wenig zu essen gegeben hatten. Da setzte es sich auf einen Rain und fing an zu weinen, und so zu weinen, dass zwei Bächlein aus seinen Augen herabflossen. Und wie es in seinem Jammer einmal aufblickte, stand eine Frau neben ihm, die fragte: »Zweiäuglein, was weinst du?« Zweiäuglein antwortete: »Soll ich nicht weinen? Weil ich zwei Augen habe wie andere Menschen, so können mich meine Schwestern und meine Mutter nicht leiden, stoßen mich aus einer Ecke in die andere, werfen mir alte Kleider hin und geben mir nichts zu essen, als was sie übrig lassen. Heute haben sie mir so wenig gegeben, dass ich noch ganz hungrig bin.« Sprach die weise Frau: »Zweiäuglein, trockne dir dein Angesicht, ich will dir etwas sagen, dass du nicht mehr hungern sollst. Sprich nur zu deiner Ziege

›Zicklein, meck,

Tischlein, deck‹,

so wird ein sauber gedecktes Tischlein vor dir stehen und das schönste Essen darauf, dass du essen kannst, soviel du Lust hast. Und wenn du satt bist und das Tischlein nicht mehr brauchst, so sprich nur

›Zicklein, meck,

Tischlein, weg‹,

so wirds vor deinen Augen wieder verschwinden.« Darauf ging die weise Frau fort. Zweiäuglein aber dachte, ich muss gleich einmal versuchen, ob es wahr ist, was sie gesagt hat, denn mich hungert gar zu sehr, und sprach:

»Zicklein, meck,

Tischlein, deck«,

und kaum hatte sie die Worte ausgesprochen, so stand da ein Tischlein mit einem weißen Tüchlein gedeckt, darauf ein Teller mit Messer und Gabel und silbernem Löffel, die schönsten Speisen standen rundherum, rauchten und waren noch warm, als wären sie eben aus der Küche gekommen. Da sagte Zweiäuglein das kürzeste Gebet her, das es wusste: »Herr Gott, sei unser Gast zu aller Zeit, Amen«, langte zu und ließ sichs wohl schmecken. Und als es satt war, sprach es, wie die weise Frau gelehrt hatte:

»Zicklein, meck,
Tischlein, weg.«

Alsbald war das Tischchen und alles, was darauf stand, wieder verschwunden. Das ist ein schöner Haushalt, dachte Zweiäuglein und war ganz vergnügt und guter Dinge.

Abends, als es mit seiner Ziege heimkam, fand es ein irdenes Schüsselchen mit Essen, das ihm die Schwestern hingestellt hatten, aber es rührte nichts an. Am andern Tag zog es mit seiner Ziege wieder hinaus und ließ die paar Brocken, die ihm gereicht wurden, liegen. Das erste Mal und das zweite Mal beachteten es die Schwestern gar nicht, wie es aber jedes Mal geschah, merkten sie auf und sprachen: »Es ist nicht richtig mit dem Zweiäuglein, das lässt jedes Mal das Essen stehen und hat doch sonst alles aufgezehrt, was ihm gereicht wurde: Das muss andere Wege gefunden haben.« Damit sie aber hinter die Wahrheit kämen, sollte Einäuglein mitgehen, wenn Zweiäuglein die Ziege auf die Weide trieb, und sollte achten, was es da vorhätte und ob ihm jemand etwas Essen und Trinken brächte.

Als nun Zweiäuglein sich wieder aufmachte, trat Einäuglein zu ihm und sprach: »Ich will mit ins Feld und sehen, dass die Ziege auch recht gehütet und ins Futter getrieben wird.« Aber Zweiäuglein merkte, was Einäuglein im Sinne hatte, und trieb die Ziege ins hohe Gras hinaus und sprach: »Komm, Einäuglein, wir wollen uns hinsetzen, ich will dir was vorsingen.« Einäuglein setzte sich hin und war von dem ungewohnten Weg und von der Sonnenhitze müde, und Zweiäuglein sang immer :

»Einäuglein, wachst du?

Einäuglein, schläfst du?«

Da tat Einäuglein das eine Auge zu und schlief ein. Und als Zweiäuglein sah, dass Einäuglein fest schlief und nichts verraten konnte, sprach es:

»Zicklein, meck,

Tischlein, deck,«

und setzte sich an sein Tischlein und aß und trank, bis es satt war, dann rief es wieder:

»Zicklein, meck,

Tischlein, weg«,

und alles war augenblicklich verschwunden. Zweiäuglein weckte nun Einäuglein und sprach: »Einäuglein, du willst hüten und schläfst dabei ein, derweil hätte die Ziege in alle Welt laufen können; komm, wir wollen nach Haus gehen.« Da gingen sie nach Haus und Zweiäuglein ließ wieder sein Schüsselchen unangerührt stehen und Einäuglein konnte der Mutter nicht verraten, warum es nicht essen wollte, und sagte zu seiner Entschuldigung: »Ich war draußen eingeschlafen.«

Am andern Tag sprach die Mutter zu Dreiäuglein: »Diesmal sollst du mitgehen und Acht haben, ob Zweiäuglein draußen isst und ob ihm jemand Essen und Trinken bringt, denn essen und trinken muss es heimlich.« Da trat Dreiäuglein zu Zweiäuglein und sprach: »Ich will mitgehen und sehen, ob auch die Ziege recht gehütet und ins Futter getrieben wird.« Aber Zweiäuglein merkte, was Dreiäuglein im Sinne hatte, und trieb die Ziege hinaus ins hohe Gras und sprach: »Wir wollen uns dahin setzen, Dreiäuglein, ich will dir was vorsingen.« Dreiäuglein setzte sich und war müde von dem Weg und der Sonnenhitze und Zweiäuglein hub wieder das vorige Liedlein an und sang

>Dreiäuglein, wachst du?«

Aber statt es nun singen musste

>Dreiäuglein, schläfst du?«

sang es aus Unachtsamkeit

>Zweiäuglein, schläfst du?«,

und sang immer

>Dreiäuglein, wachst du?

Zweiäuglein, schläfst du?«

Da fielen dem Dreiäuglein seine zwei Augen zu und schliefen, aber das dritte, weil es von dem Sprüchlein nicht angeredet war, schlief nicht ein. Zwar tat es Dreiäuglein zu, aber nur aus List, gleich als schlief es auch damit: Doch blinzelte es und konnte alles gar wohl sehen. Und als Zweiäuglein meinte, Dreiäuglein schliefe fest, sagte es sein Sprüchlein:

>Zicklein, meck,

Tischlein, deck«,

aß und trank nach Herzenslust und hieß dann das Tischlein wieder fortgehen,

>Zicklein, meck,

Tischlein, weg«,

und Dreiäuglein hatte alles mit angesehen. Da kam Zweiäuglein zu ihm, weckte es und sprach: »Ei, Dreiäuglein, du bist eingeschlafen? Du kannst gut hüten! komm, wir wollen heimgehen.« Und als sie nach Hause kamen, aß Zweiäuglein wieder nicht und Dreiäuglein sprach zur Mutter: »Ich weiß nun, warum das hochmütige Ding nicht isst: Wenn sie draußen zur Ziege spricht:

»Zicklein, meck,

Tischlein, deck«,

so steht ein Tischlein vor ihr, das ist mit dem besten Essen besetzt, viel besser als wirs hier haben: Und wenn sie satt ist, so spricht sie:

»Zicklein, meck,

Tischlein, weg«,

und alles ist wieder verschwunden; ich habe alles genau mit angesehen. Zwei Augen hatte sie mir mit einem Sprüchlein eingeschläfert, aber das eine auf der Stirne, das war zum Glück wach geblieben.« Da rief die neidische Mutter: »Willst dus besser haben als wir? Die Lust soll dir vergehen!« Sie holte ein Schlachtmesser und stieß es der Ziege ins Herz, dass sie tot hinfiel.

Als Zweiäuglein das sah, ging es voller Trauer hinaus, setzte sich an den Feldrain und weinte seine bitteren Tränen. Da stand auf einmal die weise Frau wieder neben ihm und sprach: »Zweiäuglein, was weinst du?« – »Soll ich nicht weinen!«, antwortete es: »Die Ziege, die mir jeden Tag, wenn ich Euer Sprüchlein hersagte, den Tisch so schön deckte, ist von meiner Mutter totgestochen; nun muss ich wieder Hunger und Kummer leiden.« Die weise Frau sprach: »Zweiäuglein, ich will dir einen guten Rat erteilen, bitt deine Schwestern, dass sie dir das Eingeweide von der geschlachteten Ziege geben, und vergrab es vor der Haustür in der Ecke, so wirds dein Glück sein.« Da verschwand sie und Zweiäuglein ging heim und sprach zu den Schwestern: »Liebe Schwestern, gebt mir doch etwas von meiner Ziege, ich verlange nichts Gutes, gebt mir nur das Eingeweide.« Da lachten sie und sprachen: »Kannst du haben, wenn du weiter nichts willst.« Und Zweiäuglein nahm das Eingeweide und vergrubs abends in aller Stille nach dem Rate der weisen Frau vor der Haustüre.

Am andern Morgen, als sie insgesamt erwachten und vor die Haustür traten, so stand da ein wunderbarer prächtiger Baum, der hatte Blätter von Silber, und Früchte von Gold hingen dazwischen, dass wohl nichts Schöneres und Köstlicheres auf der weiten Welt war. Sie wussten aber nicht, wie der Baum in der Nacht dahin gekommen war, nur Zweiäuglein merkte, dass er aus den Eingeweiden der Ziege aufgewachsen war, denn er stand gerade da, wo es sie in die Erde begraben hatte. Da sprach die Mutter zu Einäuglein: »Steig hinauf, mein Kind, und brich uns die Früchte von dem Baume ab.« Einäuglein stieg hinauf, aber wie es einen von den goldenen Äpfeln greifen wollte, so fuhr ihm der Zweig aus den Händen: Und das geschah jedes Mal, so dass es keinen einzigen Apfel brechen konnte, es mochte sich anstellen, wie es wollte. Da sprach die Mutter: »Dreiäuglein, steig du hinauf, du kannst mit deinen drei Augen besser um dich schauen als Einäuglein.« Einäuglein rutschte herunter und Dreiäuglein stieg hinauf. Aber Dreiäuglein war nicht geschickter und mochte schauen, wie es wollte, die goldenen Äpfel wichen immer zurück. Endlich ward die Mutter ungeduldig und stieg selbst hinauf, konnte aber so wenig wie Einäuglein und Dreiäuglein die Frucht fassen und griff immer in die leere Luft. Da sprach Zweiäuglein: »Ich will mich einmal hinaufmachen, vielleicht gelingt mirs eher.« Die Schwestern riefen zwar: »Du mit deinen zwei Augen, was willst du wohl!« Aber Zweiäuglein stieg hinauf und die goldenen Äpfel zogen sich nicht vor ihm zurück, sondern ließen sich von selbst in seine Hand herab, also dass es einen nach dem andern abpflücken konnte und ein ganzes Schürzchen voll mit herunterbrachte. Die Mutter nahm sie ihm ab und statt dass sie, Einäuglein und Dreiäuglein dafür das arme Zweiäuglein hätten besser behandeln sollen, so wurden sie nur neidisch, dass es allein die Früchte holen konnte, und gingen noch härter mit ihm um.

Es trug sich zu, als sie einmal beisammen an dem Baum standen, dass ein junger Ritter daherkam. »Geschwind, Zweiäuglein«, riefen die zwei Schwestern, »kriech unter, dass wir uns deiner nicht schämen müssen«, und stürzten über das arme Zweiäuglein in aller Eil ein leeres Fass, das gerade neben dem Baume stand, und schoben die goldenen Äpfel, die es abgebrochen hatte, auch darunter. Als nun der Ritter näher kam, war es ein schöner Herr, der hielt still, bewunderte den prächtigen Baum von Gold und Silber und sprach zu den beiden Schwestern: »Wem gehört dieser schöne Baum? Wer mir einen Zweig davon gäbe, könnte dafür verlangen, was er wollte.« Da antworteten Einäuglein und Dreiäuglein, der Baum gehörte ihnen zu und sie wollten ihm einen Zweig wohl abbrechen. Sie gaben sich auch beide große Mühe, aber sie waren es nicht imstande, denn die Zweige und Früchte wichen jedes Mal vor ihnen zurück. Da sprach der Ritter: »Das ist ja wunderlich, dass der Baum euch zugehört und ihr doch nicht Macht habt etwas davon abzubrechen.« Sie blieben dabei, der Baum wäre ihr Eigentum. Indem sie aber so sprachen, rollte Zweiäuglein unter dem Fasse ein paar goldene Äpfel heraus, sodass sie zu den Füßen des Ritters liefen, denn Zweiäuglein war bös, dass Einäuglein und Dreiäuglein nicht die Wahrheit sagten. Wie der Ritter die Äpfel sah, erstaunte er und fragte, wo sie herkämen. Einäuglein und Dreiäuglein antworteten, sie hätten noch eine Schwester, die dürfte sich aber nicht sehen lassen, weil sie nur zwei Augen hätte wie andere gemeine Menschen. Der Ritter aber verlangte sie zu sehen und rief:»Zweiäuglein, komm hervor.« Da kam Zweiäuglein ganz getrost unter dem Fass hervor und der Ritter war verwundert über seine große Schönheit und sprach:»Du, Zweiäuglein, kannst mir gewiss einen Zweig von dem Baum abbrechen.« – »Ja«, antwortete Zweiäuglein, »das will ich wohl können, denn der Baum gehört mir.« Und stieg hinauf und brach mit leichter Mühe einen Zweig mit feinen silbernen Blättern und goldenen Früchten ab und reichte ihn dem Ritter hin. Da sprach der Ritter:»Zweiäuglein, was soll ich dir dafür geben?« – »Ach,« antwortete Zweiäuglein, »ich leide Hunger und Durst, Kummer und Not vom frühen Morgen bis zum späten Abend: Wenn ihr mich mitnehmen und erlösen wollt, so wäre ich glücklich.« Da hob der Ritter das Zweiäuglein auf sein Pferd und brachte es heim auf sein väterliches Schloss, dort gab er ihm schöne Kleider, Essen und Trinken nach Herzenslust, und weil er es so lieb hatte, ließ er sich mit ihm einsegnen und ward die Hochzeit in großer Freude gehalten.

Wie nun Zweiäuglein so von dem schönen Rittersmann fortgeführt ward, da beneideten die zwei Schwestern ihm erst recht sein Glück. Der wunderbare Baum bleibt uns doch, dachten sie, können wir auch keinen Früchte davon brechen, so wird doch jedermann davor stehen bleiben, zu uns kommen und ihn rühmen; wer weiß, wo unser Weizen noch blüht! Aber am andern Morgen war ihr Baum verschwunden und ihre Hoffnung dahin. Und wie Zweiäuglein zu seinem Kämmerlein hinaussah, so stand er zu seiner großen Freude davor und war ihm also nachgefolgt.

Zweiäuglein lebte lange Zeit vergnügt. Einmal kamen

zwei arme Frauen zu ihm auf das Schloss und baten um ein Almosen. Da sah ihnen Zweiäuglein ins Gesicht und erkannte ihre Schwestern Einäuglein und Dreiäuglein, die so in Armut geraten waren, dass sie umherziehen und vor den Türen ihr Brot suchen mussten. Zweiäuglein aber hieß sie willkommen und tat ihnen Gutes und pflegte sie, also dass die beiden von Herzen bereuten, was sie ihrer Schwester in der Jugend Böses angetan hatten.

Karla Schneider

Ritter Suppengrün
und das süße Geheimnis

Pünktlich zum Heiratstermin fuhr die Staatskarosse des Milchgrießreiches vor.

Der Herzog trug einen zimtgoldenen Frack und sein Gesicht war mit Puderzucker bestäubt. Wangen und Mund aber hatte er mit Himbeerbonbons rosa gefärbt.

Sein Brautgeschenk bestand aus einer wertvollen Porzellantruhe, die mit Truffelpralinen gefüllt war. Keine Praline glich der anderen im Geschmack.

Prinzessin Karamella erwartete ihn im Festsaal.

Ihr Abbild aus Marzipan thronte als Geschenk für den Bräutigam auf einem Sockel. Es sah so echt aus, dass der Herzog sich zuerst vor dem Marzipankopf verneigte.

»Reizend«, sagte er.

»Nicht doch, Hoheit«, wisperte der Zeremonienmeister, »die Braut sitzt rechts daneben.«

»Fast genauso reizend«, sagte der Herzog.

Dann begann das Hochzeitsmahl.

Der Chefkoch hatte zur Feier des Tages alle seine von König Wabbelbein verliehenen Orden angelegt:

– den versilberten Schneebesen,

– das Tortenkreuz aus Brillanten

– und die Konfektschnalle ohne Kruste.

Hoffentlich merkt der Herzog nicht, dass kein einziger Pudding serviert wird, dachte der Küchenchef. Sonst macht er womöglich die ganze Hochzeit rückgängig.

Doch als die Vorspeisen vertilgt waren und die Hauptgerichte aufgetragen wurden – darunter solche Meisterwerke wie ein Schneegestöber aus Kokosflocken und das Modell des königlichen Fahrstuhls aus Lakritze –, begann das Getuschel unter den Gästen.

Es wurde immer lauter.

»Sehen Sie vielleicht einen Pudding? Also ich sehe keinen!«

König Wabbelbein tat, als höre er nichts.

»Köstlich«, sagte der Herzog endlich, »alles überaus köstlich. Aber ich beginne mich ernstlich zu fragen, lieber Herr Schwiegerpapa, wo bleiben Ihre zu Recht so berühmten Pudd...«

Da passierte es!

Die Fensterscheiben des Festsaales zerbrachen mit einem gewaltigen Klirren und drei längliche rote Geschosse flogen herein. Sie knallten auf die Hochzeitstafel und brachten die süßen Kunstwerke sehr in Unordnung.

Die Damen kreischten vor Entsetzen.

Prinzessin Karamella bekam einen Schluckauf.

Und der jüngste Sohn des Kandisgrafen schrie: »Iiih – das sind ja *Möhren!*« Seine Mutter hielt ihm sofort den Mund zu, aber alle hatten es gehört.

»Ich muss doch sehr bitten«, sagte der Herzog empört. »Auf meiner Hochzeit spricht man nicht von ordinärem Gemüse.«

Schon prasselte die zweite Salve durch die zerbrochenen Fenster, kurz darauf folgte die dritte.

Aus den umgekippten Kannen flossen Sirup, Sorbet und Schokoladensoße über das Tischtuch und tropften auf den Boden.

Das oberste Stockwerk der Hochzeitstorte war auf König Wabbelbeins Schultern gelandet. Er sah aus, als habe er einen weißen Kragen um.

Sahnebatzen klebten an den Wänden.

Kandierte Kirschen kullerten umher wie Murmeln.

Im Haar der Baronin von Pfannkuch schmolz das grüne Pistazieneis und kleckerte ihr in die Ohren.

Der Zeremonienmeister meldete, vor dem Schloss seien zwei Kanonen aufgefahren. Und große Körbe voller ... äh ... Munition stünden daneben.

Das Wort »Möhren« brachte er nicht über die Lippen.

»Wer wagt es, Uns bei der Hochzeitsfeier Unserer einzigen Tochter Karamella von Puddingland zu bombardieren?«, fragte König Wabbelbein.

»Ich fürchte, es ist Euer Erzfeind, Majestät – Ritter Suppengrün von Bohn zu Bohn.«

»Aber der ist doch gar nicht eingeladen worden«, rief König Wabbelbein.

»Eben drum, eben drum!«, dröhnte es von der Türschwelle her.

Hoch aufragend wie eine leibhaftige Bohnenstange stand Ritter Suppengrün im Türrahmen. Sein Gesicht leuchtete tomatenrot und seine langen grünen Haare standen ihm in einem Büschel senkrecht vom Kopf ab.

Im Saal verbreitete sich blitzschnell ein starker Zwiebelgeruch. Vielen Gästen wurde übel. Ritter Suppengrün empfand es offenbar ähnlich.

»Ekelhafter Süßwarengestank!«, sagte er und ballerte mit seiner Muskete eine Ladung gelber Erbsen in Karamellas Trüffeltruhe.

»Ekelhafte Hochzeitsgesellschaft! Wie die Mehlwürmer seht ihr alle aus – so weiß und so fett.«

Dann spaltete er mit einem einzigen Hieb seines Degens den letzten Rest des Baumkuchens in zwei Teile.

»Raus mit der Sprache – wer von euch ist die Braut?«

Hilfesuchend blickte Prinzessin Karamella auf ihren Bräutigam. Doch der Herzog des Milchgrießreiches war damit beschäftigt, nach seinem abgeplatzten Westenknopf zu suchen.

Immer wieder lupfte er das Tischtuch und scharrte mit dem Schuh zwischen den Kuchenbrocken herum.

»Du da, dickes Mädchen«, rief Ritter Suppengrün und zeigte mit der Degenspitze auf die arme Karamella, »dich nehme ich mit. Drei Monate Rohkost werden Wunder wirken. Potz Kümmelkraut – du wirst mir noch einmal dankbar sein, dass ich dich entführt habe.«

»Oh, bitte, verschont meine Tochter«, flehte König Wabbelbein.

Vergeblich versuchte er sich von seinem Sessel zu erheben.

»Nehmt mich, Ritter Suppengrün, aber lasst meine kleine Karamella hier. Sie verträgt Eure Kost nicht. Sie wird krank werden, sie ist ja so zart.«

»Keine Angst, König Wabbelbein«, Ritter Suppengrün lachte. »Ich werde Euer kleines Puddinggebirge schon nicht verhungern lassen.«

Da die arme Karamella nicht schneller vorwärts kam als eine Raupe, wurde sie von sechs kräftigen Leuten aus Ritter Suppengrüns Gemüsebrigade einfach an Armen und Beinen gepackt und davongetragen.

»Nehmt die Ochsenhaut«, befahl der Ritter, »und bindet sie zwischen zwei Pferden fest. Setzt die Prinzessin drauf, ich hoffe nur, sie bricht nicht durch.«

Er selbst ritt in entgegengesetzter Richtung davon, da er noch wichtige Auslandsgeschäfte wahrnehmen musste.

Heinrich Ludwig

Der Ritter Kunzenhackl

Der Ritter Kunzenhackl war schlecht aufgelegt. Er hatte eine eiskalte Wut in seinem Bauch und klagte seiner Ehefrau Quittina, der Ritterin, seinen Ärger.

»Der König«, so schimpfte er, »hockt fernab von allen Gefahren auf seinem Thron und beschließt zwischen der ersten Brotzeit und dem Mittagessen, dass er einen Krieg anfängt mit seinem Nachbarn. Und wer soll seinen Kopf hinhalten? Wir! Die Ritter! Wir sollen dann den Krieg gewinnen.« Der Ritterin, einer großfüßigen Dame, war das auch nicht recht, dass ihr Gemahl in die Schlacht ziehen sollte um vielleicht selbst geschlachtet zu werden von den Feinden. Lieber hätte sie es gesehen, er hätte zu Hause seine langen Füße unter den Eßtisch gestreckt.

Am anderen Morgen, als der Ritter Kunzenhackl seine Milch schlürfte, sagte seine Frau zu ihm:

»Du, Kunz, ich hab etwas ganz Närrisches gehört und was Neumodisches dazu! Stell dir vor, die Ritter anderswo, die ziehen sich vor der Schlacht ein Dingsda an . . . eine Rüstung.«

»Rüstung?«, brummte der Kunzenhackl. »Was soll das sein?«

»Das ist«, klärte ihn seine Frau auf, »ein Schlachtenschutz, eine eiserne Montur. Da wärst du im Kampf nicht mehr so verwundbar wie ein Hase bei der Treibjagd.«

»Verrückt!«, knurrte Kunz. »Die Neuzeit verdrängt alles Gute und eines Tages bricht alles zusammen. Aber anscheinend fangen jetzt auch die Ritter zu spinnen an. So einen Quatsch hab ich noch nie gehört.«

»Ich weiß gar nicht«, sagte die Ritterdame, »was du an der Neuerung so saudumm findest? Du hast doch schon genug Hiebe und Stiche draufgekriegt. Sei doch froh, wenn man etwas erfunden hat, das einen Ritter schützt.«

»Und?«, fragte der Kunzenhackl. »Wenn überhaupt? Wo soll ich denn so einen Eisenanzug herbekommen?«

»Vom Schmied«, sagte die Kunzin, »der kann so etwas zusammenschustern. Ich hab nämlich eine Zeichnung bekommen von einem jungen Sänger.« Der Schmied wurde geholt und die Kunzenhacklin fragte ihn, ob er schon etwas gehört hätte von der neuen Ritterrüstung.

»Nein«, meinte der Schmied, »ich kann nur Sensen dengeln und Pferde beschlagen. Falls man meint, ich könnte auch eine Rüstung bauen . . .«

»Ach was«, rief die besorgte Rittersfrau Quittina, »das kannst du schon, und jetzt gib Acht, was wir alles brauchen. Ich fange unten an: Zuerst braucht er Eisenfüße, Kniekehlenschützer und eiserne Hosen . . .« Der Schmied riss den Mund auf wie ein gähnender Fuchs. Aber die Rittersehedame fuhr fort:

»Dann braucht er noch einen eisernen Bauchschutz und

109

einen Brust- und Rückenschutz, und sein Kopf, der muss hinein in eine eiserne Kugel.

Sehen muss er trotzdem. Da braucht er ein Klappvisier und darunter, unter der Rüstung, braucht er ein Kettenhemd, wenn ich richtig unterrichtet bin.«

Danach gab sie dem Schmied die Zeichnung, und der ging davon wie benebelt. Aber was solls. Er machte sich ans Werk, so gut es ging.

Inzwischen war auch beim Kunzenhackl eine Sinneswandlung eingetreten. Schön wärs schon, dachte er sich, wenn ich unverwundbar würde wie der Siegfried. Dann könnten sie kommen mit ihren Schwertern, und die Hunnen mit ihren Pfeilen.

Schließlich war das Werk fertig. Die Kunzerin besah sich die Bescherung und dachte:

Ich hätte mir das Ganze anders vorgestellt. Vielleicht hat der Schmied die Zeichnung falsch gehalten.

Aber die Zeit drängte, denn drei Tage später musste der Kunz abrücken. Auf in den Kampf!

Vor dem Losreiten zwängte man ihn in seine neue Kluft. Herrschaft, das war eine Kiste! So etwas hatte die Welt noch nicht gesehen. Die Schlossbediensteten und die Schlosskatzen staunten.

In seiner Eisentracht glich der Kunz beinahe einem eisernen Ofen. Von Eleganz keine Spur. Klobig, bockig und ungelenk. Na ja, der Schmied konnte es nicht besser.

Zum Schluss schmierte man an der Rüstung die Arm- und Beinscharniere mit Rapsöl ein und dann ritt der Herr los mit seinen Knechten.

Kurz vorher kam noch ein Eilkurier vorbei und brachte den strikten Befehl, er, der Ritter Kunzenhackl, müsse das Schloss »Finkelstein« erobern.

Und zwar auf der Stelle.

Auch das noch! Dem Kunz wurde ganz mulmig in seiner Rüstung. Sie drückte ihn an allen Ecken und mit dem Schnaufen gings auch recht schwer.

Am Nachmittag kam schon das erste Malheur! Das Ross des schweren Reiters machte schlapp. So ein Gewicht schleppte es noch nie. Es wollte nicht mehr.

Ein Pferd von den Knechten konnte der Kunz auch nicht brauchen. Die waren alle schwach auf den Beinen.

Da entlieh er sich einen Bauernwagen mit zwei Pferden und fuhr – auf dem Wagen sitzend – der Burg Finkelstein entgegen. Ein Rittersmann ohne Ross auf einem Leiterwagen!

Am liebsten wäre er aus seiner schweren Rüstung herausgekrabbelt. Aber drunter hatte er nur ein Kettenhemd an und das war zu wenig.

Am Nachmittag wurde es brenzlig. Ein Riesengewitter zog heran und es begann zu gießen. Dem Kunzenhackl machte das nichts aus, denn seine Rüstung war wasserfest. Aber nicht blitzfest!

Die Knechte sprangen in ein Wirtshaus, aber der Ritter konnte nicht mit, weil er nicht zur Tür hineinging.

Als es aber immer mehr blitzte und donnerte, schlugen die Knechte die Haustüre ein und vergrößerten das Türloch so weit, bis auch der Hackl hineinkam.

Das hat ihn einen Batzen gekostet. Aber lieber zahlen als abgeblitzt werden!

Als sie dann am anderen Tag endlich vor der Burg Finkelstein ankamen, dachte sich der Kunzerer:

Die Burg soll ich nehmen, wo ich sie gar nicht brauche! Und wozu braucht sie der König?

Kurz darauf teilte man ihm noch allerlei kriegerische Mannen zu. Die schauten vielleicht, denn sie hatten auch noch nie eine Rüstung gesehen. Und so eine schon gar nicht!

Einen neuen Gaul hatte der Hackl auch, dick wie ein Bräuross und ohne das ganz große Temperament.

Mit dem ritt er entschlossen der Burg entgegen und sein Heerhaufen hinter ihm her.

Die Finkelsteiner standen oben auf den Burgwällen und waren ganz schön frech! Aber als sie den Kunzenhackl entdeckten, sank ihnen der Mut! Denn so etwas hatten auch sie noch nie gesehen!

Die Pfeile, die sie abschossen, und die Speere, die sie ihm entgegenschleuderten, prallten von seiner Rüstung ab wie gescheite Reden an einem Ochsen.

Zuerst waren die Finkelsteiner sprachlos und dann kopflos!

»Wir sind verratzt und verloren«, riefen sie verzweifelt, »denn was kommt denn da auf uns zu? Ein unbesiegbares Schlachtenungeheuer! Gegen das ist kein Unkraut gewachsen. Lasst die Zugbrücke herunter! Wir wollen uns lieber ergeben, dann leben wir länger.«

Als man die Zugbrücke herunterließ, ritt der Hackl mit seinem dicken Gaul über die Brücke.

Doch als er schon fast drüben war, passierte es.

So ein Übergewicht hatte die Zugbrücke noch nie getragen. Erst knisterte es verdächtig und dann brach der edle Ritter ein, stürzte mitsamt seinem Pferd in die Tiefe und verschwand in den trüben Wassern des Burggrabens!

Als die Finkelsteiner das sahen, fassten sie neuen Mut. Sie brüllten:

»Das Ungeheuer ist versunken! Los! Zieht die kaputte Brücke wieder hoch und wehrt euch, dass die Funken fliegen. Verjagt die staubigen Brüder. Wir sind ja überhaupt nicht verloren. Im Gegenteil! Das Kriegsglück hat sich gewendet – zu uns hin!«

Die Gefährten des versunkenen Ritters waren verstört und kamen ganz aus der Fassung.

Von der Burg wurden sie nämlich mit einem Hagel von Steinen, Speeren und Pfeilen eingedeckt.

»Wie sollen wir unseren Ritter retten«, riefen sie, »wenn man dauernd auf uns schießt und Pech herunterträufelt?«

Als der Kunzenhackl auf den Boden des Burggrabens gesunken war wie ein Mühlstein, riss sich sein Gaul los, strampelte sich nach oben und schwamm an das Ufer des Wassergrabens.

Der Wasserhackl aber staunte drunten auf dem Grund! Der Schmied hatte akkurat gearbeitet!

Beim Sturz ins Wasser vorher klappte das Visier zu, und so kam es, dass kein Tropfen Wasser in seine Rüstung hineinfloß. So gut waren die einzelnen Teile gearbeitet. Er erhob sich, konnte allerdings nichts sehen und stolperte vorwärts. Nach einiger Zeit merkte er, dass er vor einer steinernen Treppe stand, die vom Wasser herausführte.

Er stieg langsam die Stufen hoch – das war sehr schwierig –, kam mit seinem Eisenkopf aus dem Wasser heraus und klappte das Visier hoch.

Er sah, dass er vor einer Türe stand, durch die man von hinten in die Burg hineinkonnte.

Sie war verschlossen, aber als der Kunz mit seinem ganzen Eisengewicht gegen die Türe wuchtete, sprang sie auf.

Er war in der Burg, ohne dass es die Finkelsteiner merkten. Der Eisenritter schlurfte weiter, stieg die Treppen hoch und stand plötzlich in der Waffenkammer.

Dort fischte er sich das allergrößte Zuschlagschwert von der Wand und stieg weiter hinauf zu den Finkelsteinern.

Die standen noch alle auf der Wehr und gaben sich siegessicher und ausgelassen.

Sie schütteten noch immer heißes Pech in die Tiefe und warfen mit Speeren nach den Angreifern.

Plötzlich aber merkten sie, wer da von hinten herankam! Da gab es eine Riesenpanik!

Und plötzlich sprang die ganze Finkelsteinerei von den Wehren herab und hinunter in den Burggraben.

Das war, als plumpsten Frösche in einen Teich!

Denn jeder meinte ernstlich, der Kunzenhackl sei nicht nur unverwundbar, sondern auch sturz- und wasserfest dazu! Nach einer Pause ließ der Burgeroberer die arg lädierte Zugbrücke wieder hinunter und sein schon angeschlagener Haufen hangelte sich zur Burg hinüber.

Dann besetzten sie das Schloss und riefen: »Viktoria!«

Das schreit man immer, wenn man nicht verliert. So einen Sieg hatte noch keiner erlebt. Der Kunz auch nicht, denn eigentlich wollte er gar kein richtiger Held sein und zog von Anfang an mit wenig Freude in den Krieg.

Die Finkelsteiner wurden alle aus dem Wasser gezogen, gefangen und dem König vorgeführt.

Der erfuhr dann alles über den Sieg seines Schlachtengehilfen und schenkte ihm Finkelstein als Zweitburg.

Der Sieger taufte die Burg gleich um und seitdem heißt sie »Kunzenhacklstein« und ist noch gut erhalten, weil die Spatzen in den Dachrinnen nisten.

Als der Siegritter wieder heimkam, empfing man ihn großartig. Das Küchenpersonal sang ein Siegeslied mit zwei Strophen und seine Frau, die Kunzenhacklerin, hat zu ihm gesagt:

»Da siehst du wieder, dass man mit der Zeit gehen muss. Ohne die Rüstung wärst du kein Sieger.«

Die Rüstung wurde im Rittersaal aufgestellt und den Schmied schickte man auf einen Rüstungsbaukursus.

Als er wieder heimkam, baute er dem Kunzenhackl eine neue Rüstung. Eine mit Pfiff! Die war einen halben Zentner leichter und in der fühlte sich der Hackl sauwohl.

Ob er mit der auch einen großen Sieg errang, ist allerdings vollkommen unbekannt.

Tilde Michels

Ritter Eisenkorn
und das Burggespenst

In der nächsten großen Pause hat sich fast die ganze Klasse um Wulfi versammelt.

Nur Roland und Erik halten sich abseits. Sie wollen zeigen, dass dieser Wulfi ein für allemal Luft ist für sie.

»Gestern habt ihr was versäumt«, sagt Martin zu den andern. »Da hat Wulfi erzählt, wie der Ritter Eisenkorn in ein Drachenloch gefallen ist.«

Die neu dazugekommen sind, schauen begierig. Das hätten sie auch gern gehört.

»Und was erzählst du heute?«, fragt einer von ihnen.

»Ich will mal was von einem Gespenst hören«, sagt Alex. »Hatte der Ritter Eisenkorn auch ein Gespenst auf der Burg?«

»Ist doch klar«, antwortet Wulfi. »Auf jeder Burg gibt es Gespenster.« Er überlegt ein paar Minuten. Die andern warten gespannt. Es ist ganz still in dieser Ecke des Schulhofs. Dann beginnt Wulfi: »Die Burg vom Ritter Eisenkorn war damals noch ziemlich neu. Er hatte sie ja selbst gebaut. In neuen Burgen gibt es meistens keine Gespenster. Das wusste der Ritter natürlich. Er wusste aber nicht, dass viele hundert Jahre vorher schon einmal ein Schloss auf derselben Stelle gestanden hatte. Das war total zerstört worden. Kein Stück Mauer war mehr davon übrig geblieben. Nur etwas war noch da, aber das war tief unter der Erde versteckt.« Alle Augen waren auf Wulfi gerichtet.

»Tief unter der Erde? Was soll denn das gewesen sein?« murmelt Martin.

»Es war«, sagt Wulfi langsam und geheimnisvoll, »es war eine Gruft. Da lag der Burgherr begraben, der früher in dem alten Schloss gewohnt hatte. Die Gruft bedeckte ein großer Stein. Als Ritter Eisenkorn seine Burg baute, war der Stein verwittert und von Moos überwachsen. Von dem Eingang zur Gruft war nichts mehr zu sehen.

Kaum war der Ritter aber in die Burg eingezogen, da erwachte das Schlossgespenst. Es hatte viele hundert Jahre in der Gruft geschlafen.«

»Und jetzt geisterte es herum«, sagt Martin.

»Hat es vorher nie gegeistert?«, erkundigt sich Ulrike.

»Das Geistern«, sagt Wulfi, »macht Gespenstern nur Spaß, wenn sie jemanden erschrecken können. Dort oben hat ewig lang niemand gewohnt. Das Gespenst hat also wieder angefangen zu spuken. Zuerst hat Ritter Eisenkorn gar nicht gewusst, was los war. Immer um Mitternacht hörte er Lärm: Kettenrasseln und Wimmern und Lachen. So richtig hohl und schaurig hat das geklungen.«

»Mach mal vor!«, verlangt Martin.

Aber Wulfi sagt: »Bei Tag wird das nichts. Außerdem braucht man dazu ein Schloss mit hohen Mauern. Sonst hallt es nicht echt schaurig.«

»Lass ihn doch erzählen!«, ruft Alex.

»Das Gespenst hat also jede Nacht in der Burg herumgespukt. Angst hatte der Ritter natürlich nicht. Aber der Lärm hat ihn gestört. Keine Nacht konnte er richtig schlafen. Einmal war es ganz wüst. Da hat es geklappert und gescheppert und im Kamin gekratzt. Der Ritter wollte sich gerade Ohropax in die Ohren stopfen . . .«

Alex schaut ungläubig auf. »Ohropax? Der Ritter?«

Wulfi verbessert sich rasch. »Ich meine so was Ähnliches. Vielleicht Wachs von seiner Kerze oder was die früher so verwendet haben. Er wollte sich jedenfalls etwas in die Ohren stopfen, weil ihm der Lärm auf den Wecker fiel. Aber als er gerade in der Schublade kramte, ging ganz leise die Tür auf. Geisterleise ging sie auf und das Gespenst huschte ins Zimmer.«

»Da haben sich dem Ritter aber bestimmt die Haare gesträubt«, sagt Martin.

»Unsinn! Nichts hat sich ihm gesträubt. Er hat nach Ritterart gesagt: ›Ich grüße dich. Was steht zu Diensten?‹

Das Gespenst war lang und dünn und schlohweiß. Sein Kopf wackelte und es sah sehr traurig aus. Weil der Ritter es aber so freundlich gegrüßt hatte, schlich es näher und setzte sich auf den Bettrand. ›Ich bin so froh, dass wieder jemand hier oben wohnt‹, flüsterte er. ›Ich möchte so gern erlöst werden.‹

›Erlöst willst du werden? Wie denn?‹, fragte der Ritter.

Das Gespenst wackelte traurig mit dem Kopf. ›Nur ein Mensch kann das. Aber eigentlich kann es auch ein Mensch nicht.‹

Und dann fing es schaurig-traurig zu jammern an. ›Huu-
uu, huhuiiiii, wenn mich doch jemand erlösen könnte!‹

›Wenn du so redest‹, sagte der Ritter, ›verstehe ich nur
Bahnhof. Was meinst du damit, dass es nur ein Mensch
kann, aber eigentlich doch wieder nicht?‹

Das Gespenst griff nach seinem Kopf. Es nahm ihn ab und
steckte ihn unter den Arm. ›Die Sache ist die‹, sagte es. ›Ich
bin auf ewig verdammt herumzuspuken. Nur unter einer
Bedingung werde ich erlöst: Ich muss einen Menschen
finden, der seinen Kopf genauso unter dem Arm tragen
kann wie ich.‹

›Pah‹, machte der Ritter. ›Da kannst du bis in alle Ewigkeit
weitersuchen.‹

›Das ist ja der Jammer!‹, wimmerte das Gespenst. Es heulte
wieder so greulich, dass der Ritter sagte: ›Schluss, jetzt
langts! Ich will darüber nachdenken. Komm morgen
Nacht wieder! Mir wird schon was einfallen.‹

Das Gespenst heulte noch einmal auf. Diesmal aber vor
Freude. Es machte ein paar komische Hopser und quäkte:
›Morgen Nacht! Morgen Nacht!‹

Dann setzte es seinen Kopf wieder auf und schlüpfte
davon.«

Die Kinder, die um Wulfi sitzen, haben bis hierher atemlos
gelauscht. Jetzt reden alle durcheinander.

»Wie will der Ritter das denn machen?«

»Kopf unter den Arm nehmen!«

»Niiie kann der das Gespenst erlösen.«

»Das hat er bestimmt nur gesagt, um es loszuwerden.«

Wulfi macht ein schlaues Gesicht. Als es wieder still geworden ist, erzählt er weiter: »Einen halben Tag hat Ritter
Eisenkorn nachgegrübelt. Er hat sich auf einen Stein ge-
setzt und in die Luft geguckt. Er ist durch den Wald

gestreift und hat die Bäume betrachtet und hat ins Wasser gestarrt. Nichts ist ihm eingefallen. Zuletzt ist er durch den Gemüsegarten geschlendert – und da kam ihm die Idee. Im Gemüsegarten wuchsen nämlich dicke runde Kürbisse.«

»Klasse!«, schreit Alex. »Er hat einen Kürbis als Kopf genommen.«

»Genau«, sagt Wulfi. »Zuerst hat er den Kürbis ausgehöhlt. Dann hat er ihm Augen, eine Nase und einen Mund geschnitten. Als es zwölf schlug, legte er sich ins Bett und zog sein Nachthemd über den Kopf. Den Kürbis hat er in den Arm genommen.«

»Toll«, murmelt Martin.

»Leise, leise ging die Tür auf. Das Gespenst huschte herein. Als es den Ritter mit dem Kopf unterm Arm erblickte, kreischte es auf. Es kreischte so durchdringend, dass dem Ritter der Kürbiskopf fast vom Bett gekullert wäre. Der Ritter dachte: Auwei, jetzt hat es gemerkt, dass es betrogen worden ist. Aber das Gespenst hat es nicht gemerkt. Es glaubte fest daran, dass der Kürbis der Kopf des Ritters war. Und weil es daran glaubte, hat die Sache auch geklappt. ›Ich bin erlöst, ich bin erlöst!‹, kreischte das Gespenst. Dann zerfiel es zu Asche.«

Hier wirft Wulfi einen raschen Blick zu Alex. Ob er wieder ungläubig schaut?

Aber Alex nickt und sagt: »Stimmt genau. Wenn man fest an etwas glaubt, dann klappts.«

»Ist die Geschichte aus?«, fragt Christine.

»Noch nicht«, sagt Wulfi. »Das Beste kommt erst. – Was hab ich gerade erzählt?«

»Wie das Gespenst zu Asche zerfallen ist«, hilft Martin.

»Richtig! Der Ritter betrachtete das Aschenhäufchen und

sagte: ›Na, so was! Ein feines Gespenst ist das nicht. Legt mir einfach den Dreck vor die Füße!‹

Und weil er keine Unordnung leiden konnte, holte er Schaufel und Besen. Unter der Gespenster-Asche aber lag eine kleine Tafel aus rotem Sandstein. Ein Plan war darauf eingeritzt. Er beschrieb den Weg zu der verborgenen Gruft. Aha, dachte der Ritter. Das Gespenst will mir zeigen, woher es gekommen ist. Ich soll bestimmt seine Asche in die Gruft tragen. Er fand auch bald den Eingang und stieg mit der Kehrschaufel voll Asche hinunter. In der Mitte der Gruft stand eine große Truhe. Der Ritter dachte sich: Da gehört wohl die Asche hinein. Er öffnete die Truhe. Und was glaubt ihr, was darin war?«

»Ein Gerippe«, vermutet Alex.

»Ein zweites Gespenst«, meint Christine.

»Schlangen, Mistkäfer, Mäusedreck!«, rufen die andern.

»Falsch!«, sagt Wulfi. »Gold war darin, lauter Gold. Beinah wäre dem Ritter die Kehrschaufel mitsamt der Asche aus der Hand gefallen. So verblüfft war er. Als er sich gefasst hatte, räumte er das Gold aus der Truhe. Es wurde ein richtiger Berg. Den schichtete er in einer Ecke auf. Dann schüttete er die Asche in die Truhe und machte den Deckel fest zu.

Die unterirdische Gruft war jetzt seine Schatzkammer. Von der wusste niemand etwas.«

»Jetzt war er aber reich«, stellt Martin fest.

»Er hat bestimmt bis an sein Lebensende genug«, sagt Ulrike.

Christine lacht los. »Durch einen Kürbiskopf! Das muss man sich mal vorstellen!«

Die andern lachen mit. Sie lachen so laut, dass sie fast den Gong überhört hätten.

Kurt Eigl

Wie Roland in einem Zweikampf seinen Freund Oliver gewann

Kaiser Karl hatte in seinem weiten Reich nicht nur Freunde, sondern auch Feinde, besonders solche, die ihn ob seiner Gerechtigkeit hassten. Wo Unrecht geschah, konnte Karl von gnadenloser Härte sein; und ein Unrecht war begangen worden, als eines Tages der junge Graf Gerhard in Aachen vor den Augen des Kaisers mit einem anderen Ritter um einer Nichtigkeit willen zu streiten anfing und den Gegner, noch ehe dieser zur Waffe greifen konnte, kurzerhand erschlug. Das war Bruch des Burgfriedens und auf einen solchen Frevel stand die Todesstrafe.

Graf Gerhard wusste dies, floh eilends in seine Burg, rief seinen Bruder Oliver zu Hilfe und noch eine Menge anderer Grafen und Barone, die dem Kaiser aus irgendeinem Grunde grollten, und verschanzte sich mit diesen Männern.

Karl bot sein Heer auf und zog an dessen Spitze vor Gerhards Feste. Aber die hohen Mauern und Türme waren uneinnehmbar und so blieb nichts übrig als die Besatzung auszuhungern.

Roland murrte darob. Er liebte Belagerungen mit wochen- und monatelangem Müßiggang nicht, er wollte lieber kämpfen, Mann gegen Mann, und so ritt er allein um die Burg herum, ob ihm nicht vielleicht jemand begegnete, der Lust hatte mit ihm die Klinge zu kreuzen. Doch alle Tore und Fenster waren verschlossen, nichts regte und rührte sich: Die Belagerten hatten Angst vor dem Heer des Kaisers und vor Roland ganz besonders.

Auf einmal aber sah Roland doch jemanden! Auf einem Söller stand ein schönes junges Mägdlein in der Sonne und schaute neugierig herab. Roland, dem die Jungfrau gefiel, rief sie an und fragte, wer sie sei.

»Ich bin Alda«, antwortete sie errötend, »Graf Gerhards und Graf Olivers Schwester.«

»Und ich bin Roland, Kaiser Karls Neffe!«, rief er hinauf. »Wie ist mirs leid, dass ich mit dem Oheim kommen musste, um Euren Brüdern das Leben zu nehmen!« Und er schirmte die Augen um Alda besser zu sehen, denn sie dünkte ihn so schön wie eine himmlische Erscheinung.

In diesem Augenblick schlich ein Bogenschütze zu Alda heran und flüsterte: »Redet weiter mit Roland, es soll ihn das Leben kosten«, und schon spannte er die Sehne und zielte. Alda aber, deren Herz sich dem fremden, jungen Ritter sogleich zugewandt hatte, schrie gellend auf: »Wahrt Euch, Roland!«, und Roland duckte sich auf den Hals seines Pferdes, sodass der Pfeil über seinen Rücken hinwegsauste und in die Erde fuhr. Dann gab er dem Tier die Sporen und sprengte davon.

In der folgenden Nacht träumte der Kaiser, dass aus der belagerten Burg ein Habicht aufstieg und sich auf seinen

Lieblingsfalken stürzte. Die beiden edlen Vögel kämpften miteinander, doch konnte keiner den anderen besiegen.

Dieser Traum beschwerte am Morgen Karls Herz. Er ließ Roland in sein Zelt rufen und sprach: »Lieber Neffe, ich fürchte, diese Burg ist nicht zu brechen. Sie wird mich Krone und Reich kosten; meine Feinde an den Grenzen und im Inneren werden sagen: ›Karl ist alt und müde geworden, er vermag nicht einmal mehr, einen unbotmäßigen Grafen zu züchtigen. Auf, sein Reich ist unser!‹ Was soll dann werden?«

»Geliebter Oheim«, entgegnete Roland, »lasst uns ehrlicher kämpfen als mit der hässlichen Waffe des Hungers, die auch Frauen, Mädchen und Kinder niederstreckt. Das Schwert muss entscheiden, darum erlaubt, dass ich die Herren der Burg auffordere, es möge sich einer von ihnen vor die Mauer begeben und sich mit mir in ritterlichem Zweikampf messen. Dann soll Gott entscheiden.«

Lange sah der Kaiser Roland an. »Ich bin alt«, sprach er, »du bist jung. So lege ich denn mein Schicksal in deine Hände.« Und er sandte einen Herold vor die Burg, den Belagerten einen Zweikampf anzutragen.

Graf Gerhard lachte nur über das Angebot. Aber sein Bruder Oliver sprach:

»Du hast vorschnell zum Schwert gegriffen, jetzt ist es nur recht und billig, wenn wir uns mit dem Schwerte stellen, anstatt uns wie Feiglinge hinter Mauern zu verstecken. Um ein paar Monate länger zu leben – und dann doch elend zu verhungern – will ich meine Ehre nicht preisgeben! Sag dem Herold, ich sei bereit mit Roland zu fechten!«

Unweit der Burg war ein Fluss mit einer Insel inmitten, die wurde zum Kampfplatz bestimmt. Roland und Oliver ließen sich von ihren Pferden schwimmend durch das strömende Wasser tragen und als sie das Eiland erreicht hatten, senkten sie die Lanzen zum Gruß und stürmten gegeneinander. Die Speere zersplitterten, die Rosse stürzten und wälzten sich im Sand. Nun kämpften die beiden Ritter zu Fuß mit dem Schwert weiter.

Rolands erster Hieb zerschmetterte Olivers Helmzier. Der Getroffene taumelte, stand jedoch bald wieder fest und drang nun mit erbitterten Streichen auf Roland ein.

Alda, die neben Graf Gerhard von der Zinne aus dem Kampf zusah, bangte gleichermaßen um ihren Bruder Oliver wie um Roland, und bald eilte sie, Tränen in den Augen, zur Burgkapelle hinab um dort am Altar für beider Leben zu beten.

Unter Olivers Hieben ging selbst der Riesentöter Roland in die Knie, raffte sich aber rasch wieder auf und übte so grausige Vergeltung, dass die Funken aus Olivers Schild und Panzer fuhren, als ob es bei hellem Sonnenschein blitzte.

Kaiser Karl schaute im Kreise seiner Paladine zur Flussinsel hinüber und sagte schmerzvoll: »Wie sind sie doch einander wert, die beiden Recken! Ach, warum müssen sie gegeneinander kämpfen, anstatt gemeinsam mit mir für den Bestand meines Reiches!«

Er hatte diese Worte kaum gesagt, als ein Schrei aus vielen Kehlen die Luft durchschnitt: Oliver hatte zu einem wuchtigen Hieb gegen Roland ausgeholt, doch hatte er nur dessen Schild treffen können und an diesem Schild war sein Schwert in zwei Teile zerbrochen.

»Schlag zu, Roland«, rief Oliver, »aber tu es rasch! Ich bin in deiner Hand. Weh meinem armen Bruder und allen anderen in der Burg!«

Roland aber ließ seine Klinge sinken, trat freundlich auf den unglücklichen Gegner zu und sprach: »Glaubst du, dass Kaiser Karls Neffe gegen einen Waffenlosen die Hand erhebt? Ruf hinüber zu den Deinen, sie sollen dir ein gutes Schwert aus der Burg bringen und auch gleich einen Krug Wein dazu, mich dürstet mächtig.«

Oliver trat ans Ufer der Insel und rief um Waffe und Trunk. Alsbald schwamm ein Knappe auf flinkem Rösslein durch den Fluss und brachte beides, zum Krug auch einen Becher. Den schenkte Oliver voll und reichte ihn Roland. Roland trank ihn aus und nun schenkte sich Oliver selbst ein und trank.

Da lächelte Roland und sprach: »Wer mit dem Anderen aus einem Becher trinkt, gilt als sein Freund – soll das zwischen uns nicht gelten? Mir wäre es lieb, denn wenn ich dich erschlüge, müsst ich mir selber das Leben nehmen oder ein Einsiedler werden; ich liebe deine Schwester.«

»Nicht anders ist mir ums Herz«, gestand nun auch Oliver und umarmte Roland. »Lieber lasse ich mein Hab und Gut dahinfahren, als dass ich noch einmal das Schwert gegen dich erhebe!«

Sie fingen ihre Pferde ein, setzten über den Fluss und traten Hand in Hand vor den Kaiser.

»Lass mich meines Bruders Schuld abtragen nach Recht und Gesetz«, sagte Oliver zum Kaiser, »gib alles, was mir gehört, der Sippe des Toten und nimm mich als Gefolgsmann an deinen Hof!«

Und so geschah es. Roland aber ritt mit Oliver in die Burg und feierte dort seine Verlobung mit der schönen Alda.

Von diesem Tag an waren die beiden jungen Ritter unzertrennliche Gefährten in guten wie in bösen Stunden.

Michail Krausnick

Der Ritterschlag

Als Ullrich auf dem Samtkissen vor dem Thron der schönen Gräfin kniet, ist ihm sehr feierlich zumute. Sämtliche
Bewohner von Reichenstein, einer fränkischen Burg im
Jahre 1245, haben sich im Rittersaal versammelt. Sie wollen dabei sein, wenn der 16jährige Ullrich von Weissenberg zum Ritter geschlagen wird.

Der junge Knappe spürt die neugierigen Blicke in seinem
Rücken wie Nadelstiche. Wenn man so angestarrt wird,
nützt auch die beste Rüstung nichts. Die Blicke dringen
durch den weißen Rittermantel, die Waffenschürze, den
Schuppenpanzer, das Kettenhemd, die gesteppte Weste,
das Unterhemd – und irgendwie kommt man sich ziemlich nackt vor.

Durch den Sehschlitz seines Helms kann Ullrich den Kaplan erspähen. Allerdings nur, wenn er kräftig schielt. Der
Kaplan hält ein Gebetbuch in der Hand und bemüht sich
ernst und würdig auszusehen.

Endlich Trompetenschall. Die Gespräche verstummen und schließlich ist es so still, dass es Ullrich ganz mulmig in der schweren Rüstung wird. Über eine Stunde hat allein das Ankleiden gedauert. Und wenn ihm sein Knappe Wolfger nicht beim Gürten und Anlegen der Beinschienen geholfen hätte, wäre er jetzt noch nicht fertig.

Inzwischen hat sich Gräfin Irene aus ihrem Sessel erhoben. Langsam geht sie auf Ullrich zu. Er kann das Rauschen ihres Kleides auf den Steinplatten des Fußbodens hören. Von der Seite tritt ein Page hinzu. Er trägt mit beiden Händen ein rotes Kissen, auf dem ein zweischneidiges Schwert liegt. Ullrich weiß, dass es die berühmte Sarazenenklinge des verstorbenen Grafen ist. Plötzlich jedoch wird ihm ziemlich finster vor Augen, denn die Gräfin ist noch näher an ihn herangetreten. Durch den Schlitz seines Helms kann Ullrich jetzt nur noch den blauen Samt ihres Kleides und eine gold- und edelsteinverzierte Gürtelschnalle erkennen.

Der Burgvogt räuspert sich, entrollt ein Pergament und verkündet mit steinerner Miene die Ritterpflichten:

»Wer die Gerechtigkeit vermehrt,
die Schwachen schützt,
dem Glauben nützt –
der ist der Ritterehre wert!«

Ullrich kann es kaum noch erwarten. Dicke Schweißperlen stehen auf seiner Stirn. Vor lauter Aufregung ist ihm unter seinem Topfhelm furchtbar heiß geworden. Nur gut, dass keiner seinen puterroten Kopf sehen kann!

Dann aber ist es so weit. Der Burgvogt hat seine Urkunde wieder zusammengerollt und dreimal feierlich gehustet.

Gräfin Irene ergreift das blitzende Schwert und spricht langsam die vorgeschriebenen Worte:

»Ullrich von Weissenberg –
in Gottes Namen schlage ich
mit diesem Schwert zum Ritter dich!«

Dreimal schlägt die Gräfin die flache Klinge auf Ullrichs linke Schulter. Ullrich kann es kaum fassen. Ich bin Ritter! Ich bin Ritter!, jubelt es in ihm. In der Zwischenzeit ist ein zweiter Page mit einer silbernen Schale in der Hand neben die Gräfin getreten.

»Erhebt Euch, öffnet Eure Hand!«,

fordert der Burgvogt Ullrich auf.

»Die Gräfin schenkt Euch ein Stück Land.«

Endlich kann Ullrich aufstehen und durch den Helm-schlitz für einen Augenblick in das Gesicht der Gräfin schauen. Es ist sehr ernst und schön und würdevoll. Die Gräfin greift in die Schale, nimmt einige Klumpen Erde heraus und legt sie in Ullrichs ausgestreckte Hand. Dazu spricht sie die Lehensformel:

»Es ist keine kleine Gewalt, die wir Euch verleihen.
Haltet sie fest in Eurer Hand.
Seid Euren Untertanen ein guter Herr,
voller Gerechtigkeit und Weisheit,
so wie Ihr uns getreu und dienstbar sein werdet.«

Ullrich weiß, was die feuchte, weiche Erde in seiner Hand bedeutet. Von nun an ist er Herr über alle Ländereien, die ihm die Gräfin verliehen hat. Herr über Wälder, Wiesen und Felder, über Bäche und Seen, über Dörfer und Höfe, über Bauern, Knechte und eine eigene Dienerschaft . . .

»Und nun Ritter Ullrich, müsst Ihr der Gräfin die Treue schwören!«

Es ist die Stimme des Kaplans, die Ullrich aus seinen Träumen reißt.

»Sagt einfach: Ihr seid meine Herrin!«

Ullrich will antworten, aber er bringt einfach keinen Ton heraus. Seine Kehle ist wie zugeschnürt. Im Saal entsteht eine peinliche Stille. Alles starrt erwartungsvoll auf den jungen Ritter. Gräfin Irene aber legt sacht ihre Hand auf seinen Arm. Ullrich muss schlucken. Und dann kommt es rasch und froh von seinen Lippen:

»Ihr seid meine Herrin!«

Damit ist die feierliche Zeremonie beendet. Ullrich darf sich von seinem Knappen Wolfger den schweren Helm vom Kopf nehmen lassen. Froh und erleichtert wischt er sich die schweißverklebten Haare aus der Stirn. Und als er aufschaut, sieht er, dass ihm seine schöne Herrin lächelnd die Hand entgegenstreckt.

»Küsst meinen Ring, Herr Weissenberg!«

Gehorsam kniet Ullrich vor der Gräfin nieder und legt seine Lippen auf den blutroten Edelstein. Als er wieder aufsteht, treffen sich ihre Blicke. Ullrich kommt es vor, als wäre ein eigenartiges Glänzen in ihren Augen. Doch schnell wendet Gräfin Irene den Kopf und gibt den Musikanten ein Zeichen. Flöte, Fiedel, Trommel und Laute erklingen. Das Freudenfest kann beginnen.

Nach dem Festessen im Palast lädt Gräfin Irene ihre Gäste zu einem Rundgang auf den Mauern der Burg ein. Während sie über den Burghof schreiten, bemerkt Ullrich, wie sich die Gräfin mit dem Taschentuch eine Träne aus dem Auge wischt. Der Kaplan berichtet nämlich grade vom Tod des Grafen, der auf der Kreuzfahrt ins Heilige Land an einem Schlangenbiss verstarb. Das ist jetzt über ein Jahr her. Seitdem führt die junge Witwe das Regiment auf Schloss Reichenstein und hat zum Schutz der Grafschaft die tüchtigsten Ritter in ihre Dienste genommen. Ullrich ist stolz, dass er von nun an zum Kreis dieser Edlen zählt. Vom Ostturm haben sie einen herrlichen Ausblick auf die sommerlichen Lande. Es ist windig hier oben und Ullrichs weißer Rittermantel flattert wie eine Fahne. Gräfin Irene zeigt auf das Gebiet, das Ullrich bekommen soll.

»Das Land, das wir zur Linken sehen,
erhält Herr Weissenberg zum Lehen;
drei Dörfer, dort die Meierei,
der große Wald ist auch dabei,
die Felder bis zum blauen See,
der Zehnthof und die Haberhöh!
Dort soll er Herr und Richter sein
und treibt mir meine Steuern ein.«

Ullrich sieht das prächtige Land in der Mittagssonne schimmern und ist glücklich wie noch nie in seinem Leben. Später, als sie im Ostturm die enge Wendeltreppe hinabsteigen, um durch eine Seitentür wieder auf den Wehrgang zu kommen, erkundigt er sich nach seinen Nachbarn. Lächelnd nennt die Gräfin die anderen Ritter. Nur bei einem Namen verfinstert sich ihr Gesicht.

»Das Bergland gab mein Seliger
jedoch dem Neithart Schwarzacker.
Das ist ein Raufbold, wild und wüst,
vor dem ihr auf der Hut sein müsst!«

Doch Ullrich lässt sich nicht Bange machen. Frohgemut erwidert er:

»Ich reite hin, sobald ich kann,
und biet ihm meine Freundschaft an!
Vielleicht wird er durch mich bekehrt!«

Gräfin Irene schüttelt traurig den Kopf.

»Ich glaub nicht, dass er auf Euch hört!
Doch geb ich Euch für diesen Ritt
ein Schreiben an den Rüpel mit!«

Der Ritter, der nicht kämpfen wollte

Es war einmal ein junger Ritter. Er lebte mit seinem Vater, dem großen Ritter, seiner Mutter, der edlen Burgfrau, seiner Schwester, dem schönen Edelfräulein, und vielen anderen Edelleuten, Burgfräulein und Knappen hoch auf dem Berg in einer gewaltigen Burg auf der einen Seite eines großen Tales.

Auf der anderen Seite des großen Tales stand ebenfalls eine gewaltige Burg. Man konnte sie nur an klaren Herbsttagen oder in Vollmondnächten sehen, so weit entfernt war sie. Von ihr wurden unheimliche Geschichten erzählt.

Der Urgroßvater des jungen Ritters hatte, als er noch lebte, zu seinem Sohn gesagt: »Hüte dich vor den Ungeheuern da drüben!« Der Großvater des jungen Ritters hatte zu seinem Sohn gesagt: »Hüte dich vor den Ungeheuern da drüben mit den kohlrabenschwarzen Gesichtern!«, und der Vater des jungen Ritters hatte zu ihm gesagt: »Hüte

133

dich vor den kohlrabenschwarzen Ungeheuern, die uns vernichten wollen!«

Der junge Ritter stand oft auf dem dicken Turm, dem Bergfried, und schaute über das weite Tal. Aber nur ganz selten sah er die Zinnen und Dächer, die Mauern und Wehrgänge der schaurigen Burg. Und wenn es hell war, fand er sie eigentlich gar nicht so unheimlich.

Der große Ritter war oft sehr unzufrieden mit seinem Sohn, besonders dann, wenn dieser mit seiner Schwester, dem schönen Edelfräulein, im Garten Kräuter pflanzte oder mit seinem Pferd unnütz durch die Gegend ritt.

»So kann das nicht weitergehen«, sagte er dann zu ihm. »Entweder du übst dich im Kampf mit dem Schwert oder du legst zumindest deine Rüstung an, wenn du reitest.«

Als er den jungen Ritter aber eines Tages dabei ertappte, wie er an einer Blume roch, rief er erbost: »Zum Kuckuck noch mal, kannst du dich denn nicht wie ein ordentlicher Ritter benehmen? Dein Urgroßvater war ein ordentlicher Ritter, dein Großvater war ein ordentlicher Ritter und du wirst, sapperlot, auch einer werden!«

In der Burg gab es viele große Hallen. In der größten standen die Rüstungen. Es gab lange und kurze, breite und schmale, blanke und verrostete. Die verrosteten hatten einmal den Urahnen des jungen Ritters gehört.

Eines Tages kam der junge Ritter mit seiner Schwester, dem schönen Edelfräulein, in die große Halle und er sagte zu ihr: »Hast du es gut, dass du kein Ritter bist! Du glaubst gar nicht, wie unbequem die Rüstungen sind. Man steckt darin wie in einer Dose. Nicht einmal die Nase kann man sich putzen. Obendrein werden sie glühend heiß, wenn die Sonne darauf brennt. Man fühlt sich bei lebendigem Leib wie im Kochtopf geschmort. Und im Winter geht es einem wie den Fischen im Teich: Man wird starr vor Kälte. Scheußlich ist das.«

Als der große Ritter hörte, was sein Sohn sagte, wurde er ärgerlich und sprach streng: »Dein Urgroßvater hat die Rüstung gern getragen, dein Großvater hat die Rüstung gern getragen, ich trage sie gern und du wirst sie, sapperlot, auch gern tragen.«

Der junge Ritter ging betrübt aus der Halle hinaus. Er wollte darüber nachdenken, warum er und sein Vater, der große Ritter, sich einfach nicht vertragen konnten. Er stieg auf den dicken Turm hinauf bis zu den Zinnen. Da hörte er ein Schluchzen. Seine Mutter, die edle Burgfrau, saß dort und weinte. »Warum weinst du?«, fragte der junge Ritter.

»Weil dein Vater, der große Ritter, in den Krieg ziehen will«, antwortete sie. »Er möchte die Burg auf der anderen Seite des Tales überfallen. Er sagt, dass deinen Urgroßvater die Burg schon geärgert hat, deinen Großvater diese Burg geärgert hat und dass ihn die Burg auch ärgert. Deshalb soll sie dem Erdboden gleichgemacht werden. Und du musst mit. Dein Vater möchte, dass du endlich richtig kämpfen lernst.«

Im Burghof bereitete man sich schon auf den Überfall vor. Die Ritter und Knappen putzten ihre Rüstungen, ihre Helme und Eisenschuhe. Die Pferde wurden von den Hufschmieden beschlagen, dann wurden sie gestriegelt, gefüttert und gesattelt. Denn in der Nacht sollte es losgehen.

Die Frauen kümmerten sich um die Vorräte. Sie backten Brot, brieten Ochsenfleisch und Hühner für den langen

Ritt und flickten die Satteltaschen. In der Kemenate saßen die Burgfräulein und weinten sich die Augen aus dem Kopf. »Wer weiß«, riefen sie verzweifelt, »ob unsere Ritter jemals wieder zurückkehren?« Und sie rangen die Hände.

Der große Ritter stand im Hof und hielt eine Rede. Er sagte: »Es ist an der Zeit, dass die Burg auf der anderen Seite des Tales überfallen wird. Schon meinem Großvater hat sie missfallen, meinem Vater hat sie missfallen und mir missfällt sie auch. Was nicht gefällt, wird überfallen.«

»Mir gefällt sie aber«, sagte der junge Ritter, der gerade aus der Tür trat.

Der große Ritter war sehr erbost, als er das hörte. Er schrie: »Dir hat nicht zu gefallen, was deinem Urgroßvater, deinem Großvater und deinem Vater nicht gefiel. Merk dir das! Und jetzt hinein in deine Rüstung. Aber marsch!«

Und er packte seinen Sohn am Ohr und schleppte ihn in die Halle.

Dort sagte er zu ihm: »Weißt du denn überhaupt, was das für Halunken sind auf der anderen Seite des Tales? Nicht nur Halunken, auch Ungeheuer! Sie haben Hufe statt Füße, sie haben Hörner auf dem Kopf, sie haben Zähne wie Vampire und Schnäbel wie Papageien. Sie brüllen wie die Tiger. Zum Glück tragen sie Rüstungen. Denn wer sie sieht, wird vor Schreck ohnmächtig. Gott sei Dank habe ich das noch nie erlebt.«

»Ja, woher weißt du dann, wie sie aussehen?«, fragte der junge Ritter erstaunt. Der große Ritter fasste sich an die Stirn und stöhnte: »Dein Urgroßvater wusste, wie diese Monster aussehen, dein Großvater wusste es, ich weiß es und du wirst es dir wohl auch vorstellen können.«

»Vorstellen schon«, sagte der junge Ritter, »aber glauben tue ich es nicht.«

Da wurde der große Ritter fuchsteufelswild. Er packte seinen Sohn am Schopf, steckte ihn in seine Rüstung, stülpte ihm den Helm über den Kopf und machte ihn zu. Ganz fest. Und er schrie: »Sapperlot noch mal! Da hört sich doch alles auf! Dein Urgroßvater glaubte, was man ihm sagte, dein Großvater glaubte, was man ihm sagte, ich glaube, was man mir sagt, und du wirst gefälligst auch glauben, was man dir sagt!«

Weil aber der Helm zugemacht war, verstand der große Ritter zum Glück nicht, was der junge Ritter sagte, nämlich: »Bevor ich diese Ungeheuer nicht mit eigenen Augen gesehen habe, glaube ich nicht, dass es welche sind.«

Ganz langsam setzte der junge Ritter ein Bein vor das andere. Denn mit der Rüstung um sich herum konnte er nicht besonders schnell gehen. Auch nicht allein aufs Pferd steigen. Deshalb wurde er hinaufgehoben.

Der große Ritter war immer noch fuchsteufelswild. Er schrie unter seinem Helm hervor: »Mein Sohn reitet an der Spitze unseres Heeres. Er soll als Erster sehen, was er nicht glauben will.«

Da warf sich die edle Burgfrau weinend vor ihn hin und bat: »Lass den Jungen doch nicht sterben.«

Der große Ritter sagte streng zu ihr: »Mein Urgroßvater ist gestorben, mein Großvater ist gestorben, ich bin . . . nein, ich lebe ja noch«, fiel ihm da ein.

»Eben«, sagte seine Frau.

»Was ich befohlen habe, habe ich befohlen«, sagte der große Ritter.

Dann setzte sich das Heer in Bewegung. Der Mond schien auf die Rüstungen, die Schwerter und die Hellebarden. Das Fallgatter wurde hochgezogen. Das rumpelte so laut, dass auch das letzte Burgfräulein weinend zum Fenster eilte, um mit dem Taschentuch zu winken. Rasselnd ging die Zugbrücke nach unten und die Ritter ritten zum Tor hinaus.

Zur gleichen Zeit rasselten auch in der Burg auf der anderen Seite des großen Tales die Ketten der Zugbrücke. Die Ritter galoppierten auf ihren Pferden den Burgberg hinunter, voran ein ganz junger Ritter – weil auch er nicht hatte glauben wollen, was sein Urgroßvater, sein Großvater und sein Vater geglaubt hatten. Sein Vater hatte allerdings zu ihm gesagt: »Es sind Monster in der Burg auf der anderen Seite des Tales. Sie haben ein Fell wie Zottelbären, Gesichter wie Auerochsen, Zähne wie Säbelzahntiger und Schwänze wie Affen. Grausig sehen sie aus. Wie gut, dass ich ihnen noch nie begegnet bin.«
»Woher weißt du dann, wie sie aussehen?«, hatte der junge Ritter gefragt. Über diese Frage war sein Vater so empört, dass er ihn Hals über Kopf in die Rüstung stopfte, sogar mit dem Kopf voraus. Zum Glück bemerkte er den Irrtum und drehte ihn wieder um.

Im Tal, durch das sie ritten, blühten die Blumen. Der Kuckuck rief und die Tiere im Wald waren froh, denn es war endlich Frühling geworden, nach einem langen Winter.
Doch die Ritter fühlten sich nicht wohl in ihren Rüstungen. Der Mond war schon längst untergegangen und die Sonne stand hoch am Himmel. Da wurde es warm. Dem jungen Ritter wurde es nicht nur schrecklich heiß, sondern auch ziemlich unheimlich zu Mute.
Wer weiß, dachte er sich, vielleicht hat mein Vater, der

große Ritter, doch Recht und die Ungeheuer wetzen schon ihre Zähne.

Sie ritten und ritten. Das grüne freundliche Tal wurde grau und eng. Die Felsen rückten immer näher zusammen. Zuerst konnten noch vier Ritter nebeneinander reiten, dann drei, dann nur noch zwei und dann wurde der Weg so schmal, dass sie hintereinander reiten mussten. Die Felsen türmten sich rechts und links in die Höhe. Und je höher sie wurden, desto düsterer wurde es. Kein Sonnenstrählchen verirrte sich mehr in diese Schlucht.

Dann machte der Pfad eine Biegung – und das Pferd des jungen Ritters blieb stehen. Ganz plötzlich. Genau ihm gegenüber stand ein anderes Pferd. Und auf diesem saß auch eine Gestalt in einer Rüstung.

»Was ist denn da vorne los?«, schrie der große Ritter, der nicht wusste, warum es nicht weiterging. Doch als er seinen Hals reckte, sah er es und er brüllte, so laut er konnte: »Der Feind ist da! Auf in den Kampf!!!« Genauso laut brüllte der große Ritter von der anderen Seite.

Aber zum Kämpfen war kein Platz, denn die großen Ritter konnten mit ihren Pferden auch nicht über die Felsen springen, so gern sie es getan hätten. So saßen sie auf ihren Rössern, rasselten mit den Schwertern und brüllten immer wieder: »Auf in den Kampf, der Feind ist da!«

Da fing in der engen Felsenschlucht das Echo an schaurig zu hallen. »Auf in den Kampf, Kampf, Kampf der Feind ist da, da, da«, dröhnte es immer wieder. Die Ritter hielten sich die Ohren zu und die Pferde bäumten sich auf vor Schreck.

Die beiden jungen Ritter standen sich immer noch gegenüber. Aber weil das Echo so schaurig hallte, scheuten auch ihre Pferde. Sie stellten sich auf die Hinterbeine und

Schaum kam aus ihren Mäulern. Kein Mensch hätte sich mehr auf ihnen halten können. Auch die beiden jungen Ritter nicht. Sie stürzten herunter auf den felsigen Pfad. Ihre Rüstungen schepperten und klapperten und das Echo wurde noch gewaltiger. Alles ergriff die Flucht, Reiter und Pferde. Die einen durch das enge Felsental nach Norden, die anderen hinunter nach Süden.

Nur die beiden jungen Ritter lagen noch auf dem Boden. Die Helme hatten sie beim Sturz verloren.

»Also Zähne wie ein Vampir hast du nicht«, sagte der eine.

»Und wie ein Auerochse siehst du auch nicht aus«, sagte der andere.

»Du gefällst mir«, sagte der Erste.

»Du mir auch«, sagte der Zweite.

Da kamen die großen Ritter zurück. Natürlich aus verschiedenen Richtungen. »Auf in den Kampf!«, schrien sie wieder, als sie ihre Söhne sahen.

Die stellten sich ihnen entgegen. »Wir sind Freunde«, sagte der eine und der andere fügte hinzu: »Deshalb wollen wir nicht gegeneinander kämpfen.«

Die großen Ritter waren sehr beleidigt und riefen gekränkt: »Unsere Großväter kämpften, wann immer sie wollten, wir kämpften, wann immer wir wollten, und ihr . . .«

»Wir wollen aber nicht kämpfen«, sagten die beiden Freunde.

In der Zwischenzeit hatte das gewaltige Echo die Burgen auf den beiden Seiten des großen Tales erreicht. Die Burgfräulein hielten sich die Ohren zu, schluchzten und rangen die Hände. Die edlen Burgfrauen sagten zu ihren Töchtern: »Es scheint etwas Schreckliches passiert zu sein. Wir müssen schauen, was es ist.« Und sie machten sich auf den Weg. Sie gingen und gingen. Viele Reiter kamen ihnen entgegen. »Geht nicht dorthin«, riefen sie. »Die Ungeheuer werden euch töten.« Aber sie ließen sich nicht aufhalten. Am Ende kamen sie zur engen Felsenschlucht. Sie fanden dort keine Ungeheuer, sondern Freunde. Und zu der Schwester seines Freundes sagte der Erste: »Du bist schön wie ein Strahl des Mondlichts. Möchtest du mich heiraten?«

Und der Zweite sagte zu der Schwester seines Freundes: »Du bist so schön wie ein strahlender Sommertag. Möchtest du mich heiraten?«

Die großen Ritter waren nicht begeistert vom Ausgang des Kampfes. »Wieder ein Feind weniger«, sagten sie traurig zueinander.

»Aber wir zusammen«, trösteten sie sich, »sind so stark, dass wir gegen die ganze Welt kämpfen könnten.« Der Gedanke freute sie.

Übers Jahr war Hochzeit. Drei Tage und drei Nächte wurde gefeiert. Noch nie gab es ein schöneres Fest. Die Vögel sangen vor Freude so laut, bis sie ganz heiser waren. Und die Spottdrossel dichtete den Vers:

> »Arme große Ritter,
> ist es nicht sehr bitter,
> dass die Monster, die man scheute,
> sind jetzt eure Schwiegerleute?
> Arme große Ritter,
> ist es nicht sehr bitter,
> dass die Monster-Papageier
> sind jetzt eurer Töchter Freier?«

Kurt Benesch

Der Schreckenstein

Die Raubritter waren einst eine große Plage und man kann sich heute kaum vorstellen, wie das damals war: Kein Weg und keine Straße waren vor ihren Überfällen sicher, jeden Augenblick musste man darauf gefasst sein, dass aus irgendeinem Buschwerk oder von einem Abhang herunter Wegelagerer, die sich Ritter nannten, mit ihren wüsten Kumpanen über einen herfielen und alles raubten, was ihnen irgendwie wertvoll erschien. Und keiner, dem sein Leben lieb war, durfte sich wehren, denn diese »Herren« kannten keinen Pardon.

Einer der Schlimmsten war der Ritter auf Burg Eibenstein an der Thaya unweit von Drosendorf. Vor ihm fand kein Bürger und kein noch so armer Bauer Gnade. Er war ungeheuer flink und schien überall gleichzeitig zu sein; wie aus dem Nichts tauchte er plötzlich auf und verschwand ebenso rasch, wie er erschienen war.

Er plünderte nicht nur einsame Wanderer aus, sondern

auch größere Gruppen von Reisenden, mochten sie noch so gut bewaffnet sein. Ja er brach auch in Häuser und Gehöfte ein, raubte, was nicht niet- und nagelfest war, und zündete sie zu guter Letzt oft auch noch an, sodass sie bis auf die Grundmauern niederbrannten.

So manchen fleißigen Mann hatte er an den Bettelstab gebracht, so manche brave Familie in bitterstes Unglück gestürzt. Und wenn ihm berichtet wurde, wie die Leute im ganzen Land ihn verfluchten und in den Kirchen beteten, Gott möge sie vor ihm beschützen, dann grölte er vor Vergnügen. Es gefiel ihm, dass die Menschen Angst vor ihm hatten, und wenn ihn seine vertrautesten Kumpane warnten, er möge es nicht gar zu weit treiben, dann lachte der Eibensteiner und schlug sich mit der Faust an die Brust. »Möge sich fürchten, wer will – ich fürcht mich nicht«, rief er dann voll Übermut.

Schließlich kam es so weit, dass die ständig Bedrohten und Ausgeplünderten es satt hatten die Gewalt des wüsten Ritters länger hinzunehmen. »Wir müssen uns endlich wehren«, sagten sie, wenn sie einander trafen. »Wir müssen uns bewaffnen, wie seine Knechte bewaffnet sind. Wir müssen ihm auflauern, ihm Fallen stellen.«

Gesagt, getan. Sie verbreiteten in der ganzen Gegend das Gerücht, dass an einem bestimmten Tag einer von ihnen an einer bestimmten Stelle mit der wohlgefüllten Geldkatze – so nannte man früher den am Gürtel getragenen Geldbeutel – unterwegs sein werde. Sie selbst, und zwar so viele wehrhafte Männer, wie sie aufbieten konnten, legten sich auf die Lauer.

Der Eibensteiner kam wirklich an dem Hinterhalt vorbei, aber anders, als sie es sich vorgestellt hatten. Wie ein Sturmwind brauste er plötzlich heran, von allen Seiten tauchten seine Knechte auf und überrumpelten jene, die eigentlich diese rauhen Gesellen überrumpeln wollten. In kürzester Zeit waren die tapferen Männer überwältigt. Als der Ritter sich wieder auf sein Pferd schwang, hatten sie kaum noch einen unversehrten Faden am Leib.

»Das soll euch eine Warnung sein!«, donnerte er, gab dem Pferd die Sporen und stürmte davon. Hinter ihm her der triumphierende Haufen seiner Spießgesellen.

Geschlagen, krumm und lahm, all ihrer Kleider und ihrer Waffen beraubt humpelten die tapferen Männer nach Hause.

Aber sie gaben nicht auf. Wo der tolle Ritter auftauchte, jagten sie ihn und immer mehr Männer im ganzen Land bewaffneten sich, stellten ihm Fallen, verschanzten sich hinter den Häusern, von denen sie annahmen, sie würden das nächsten Opfer seiner Raubgier sein. Dennoch war immer er der Gewitztere, jedes Mal gab es einen, der ihm zutrug, was seine Feinde vorhatten.

Wenn seine Männer zum Angriff vorgingen, gab es keinen, der ihnen lange Widerstand leisten konnte. Kein Wunder, dass bald das Gerücht auftauchte und von Mund zu Mund ging, der Eibensteiner sei mit dem Teufel im Bunde.

»Anders kann es gar nicht sein«, flüsterten sich die Bauern zu, als sie sich wieder einmal trafen um zu beraten, was weiter geschehen sollte. Ja sie flüsterten, denn selbst in dem Hof mit den dicken Mauern waren sie nicht mehr sicher, ob er ihnen nicht zuhörte. Glaubten einige von ihnen doch schon, er könne sich unsichtbar machen. »Ich hab es selbst gesehen«, behauptete einer, »noch ist er da und im nächsten Augenblick hat er sich in Luft aufgelöst.« Und kaum einer unter ihnen hielt das für unmöglich.

Gegen Zauberer waren rechtschaffene Leute eben macht-
los.

Gerade zu dieser Zeit machte der Ritter einen entscheidenden Fehler. Er war schon immer ein selbstherrlicher Mann
gewesen, jetzt aber wurde er noch übermütiger und begann, seine eigenen Knechte schlecht zu behandeln. Er
verhöhnte sie, wenn ihnen nicht immer alles gelang, wie
er es haben wollte; auch behielt er beim Verteilen der Beute
immer die schönsten Stücke für sich.

Besonders auf einen, der klein gewachsen und von etwas
weniger rauher Wesensart war wie seine anderen
Spießgesellen, hatte er es abgesehen. Er hieß ihn einen
Feigling, er stellte ihm ein Bein, dass der arme Kerl der
Länge nach hinschlug, und einmal spuckte er ihm sogar
in die Suppe. So machte er den Mann zum Gespött der
anderen und zu seinem Todfeind – und eines Tages war
dieser heimlich aus der Burg geflohen.

Der Knecht lief schnurstracks zu einem angesehenen Bürger, von dem es hieß, er sei die Seele des Widerstands
gegen den Eibensteiner, und verriet ihm das Geheimnis
von dessen Erfolgen: dass es nämlich von der Burg aus,
nach allen Seiten hin, Geheimgänge gäbe, sodass der Raubritter, wie es für ihn gerade günstig sei, mit seinen Leuten
an den verschiedensten Stellen seines Herrschaftsberei-
ches auftauchen könne, und zwar immer dort, wo man ihn
am wenigsten vermutete.

Der Ritter kannte außerdem im Felsgestein verschiedene
Schlupfwinkel, in denen er bis zu einem Dutzend seiner
Leute und Pferde verstecken konnte. Daher war es ihm
möglich seinen Feinden unerwartet in den Rücken zu
fallen. Und wenn die Bürger die Hufeisenspuren der wilden Reiter oft vergeblich verfolgt hatten und dabei in

einen Hinterhalt gelaufen waren, dann nur deshalb, weil der schlaue Ritter den Pferden die Eisen verkehrt hatte aufschlagen lassen.

Jetzt fassten die guten Leute neuen Mut und arbeiteten unter der Leitung des Überläufers einen Angriffsplan aus, der den Ritter völlig überraschen sollte.

Eines Morgens wurden alle Geheimverstecke gleichzeitig umstellt und gestürmt. Als der Eibensteiner in seiner Schlafkammer von Kampfgeschrei und dem Klirren der Schwerter geweckt wurde und in dem Burghof seine Feinde sah, die durch einen Geheimgang hereingestürmt waren, war es für einen erfolgreichen Kampf für ihn bereits zu spät. Er konnte gerade noch den Stall erreichen und auf sein Pferd springen, dann war er auch schon umstellt und von allen Seiten drangen seine Widersacher mit Schwertern und Spießen auf ihn ein.

Jetzt gab es nur eines für ihn – schleunigst die Flucht zu ergreifen. Aber wohin konnte er schon fliehen? Aus allen Gängen drangen die Feinde hervor und metzelten seine Leute nieder.

In dieser verzweifelten Lage fand er dennoch einen Ausweg: Mit einem tollkühnen Sprung seines Pferdes erreichte er die Burgmauer und dann – ein Schrei aus hundert Kehlen folgte ihm – stürzten sich Roß und Reiter den Burgfelsen hinunter, direkt in das Wasser der Thaya. Er hatte Glück, sein Pferd kam dabei nicht zu Schaden.

Mit einem Fluch gab er dem braven Tier die Sporen und jagte in Richtung Drosendorf davon. An einer bestimmten Stelle, dort, wo ein Felsen den Fluss einengt, wandte er sich gerade in dem Augenblick noch einmal um, als die hellen Flammen aus den Fenstern seiner Burg schlugen und zum Morgenhimmel emporloderten. Und so groß war sein Zorn und sein Erschrecken darüber, dass er im nächsten Augenblick mitten in der Bewegung erstarrte – zu Stein erstarrte.

Seine Verfolger, die den versteinerten Reiter fanden, erzählten noch Jahre später vom bösen Ende des gefürchteten Raubritters, an dessen Tod der Schreckenstein bis heute erinnert.

Lewis Carroll

Alice und der Weiße Ritter

In diesem Augenblick wurde sie durch ein lautes Ge-
schrei aus ihren Gedanken aufgeschreckt. »Ahoi! Ahoi!
Schach!«, rief es und ein Ritter in pechschwarzer Rüstung
kam, eine große Keule schwingend auf sie zugesprengt.
Gerade als er bei ihr angekommen war, blieb sein Pferd
mit einem Ruck stehen. »Du bist meine Gefangene!«, rief
der Ritter und plumpste aus dem Sattel.
Trotz ihres Schreckens bangte Alice einen Moment lang
mehr um ihn als um sich selbst und sah ihm recht ängst-
lich dabei zu, wie er wieder aufs Pferd stieg. Kaum hatte
er sich wieder im Sattel zurechtgesetzt, fing er wieder an:
»Du bist meine –«, aber da unterbrach ihn eine zweite
Stimme mit dem Ruf »Ahoi! Ahoi! Schach!« und einigermaßen überrascht drehte sich Alice nach dem neuen
Feind um.
Diesmal war es ein Weißer Ritter. Neben Alice angekommen, zügelte er sein Pferd und plumpste herunter, genau

wie der Schwarze; dann stieg er wieder in den Sattel und wortlos schauten sich die beiden Ritter an, während Alice ein wenig verwirrt von einem zum andern sah.

»Es tut mir leid, aber sie ist *meine* Gefangene«, sagte der Schwarze Ritter schließlich.

»Schon, aber dann kam *ich* und rettete sie!«, erwiderte der Weiße Ritter.

»Nun, dann müssen wir eben um sie kämpfen«, sagte der Schwarze Ritter, griff nach seinem Helm (der an seinem Sattel hing und ungefähr wie ein Pferdekopf aussah) und setzte ihn auf.

»An die Regeln für den Zweikampf hältst du dich ja wohl?«, bemerkte der Weiße Ritter und setzte gleichfalls seinen Helm auf.

»Wie immer«, sagte der Schwarze Ritter und dann hieben sie so wild aufeinander ein, dass Alice hinter einen Baum flüchtete um nicht getroffen zu werden.

»Ich frage mich, was das wohl für Regeln sein mögen«, sagte sie sich, während sie vorsichtig aus ihrem Versteck hervorlugte und dem Kampf zusah. »Eine Regel heißt anscheinend: ›Wenn einer den andern trifft, stößt er ihn vom Pferd; wenn aber nicht, plumpst er selbst herunter.‹ Und noch eine Regel besagt offenbar, dass sie die Keulen unter dem Arm halten müssen wie ein Kasper seine Pritsche. Wie das kracht, wenn sie herunterfallen! Wie wenn Herdringe zu Boden kollern! Und wie brav die Pferde stillhalten! Bei diesem dauernden Auf und Ab! Als ob es Tische wären!«

Eine dritte Regel, die Alice bis jetzt noch nicht aufgefallen war, schien zu lauten, dass sie immer auf den Kopf zu fallen hatten, und der Kampf fand dadurch sein Ende, dass beide zugleich solcherart herunterfielen; daraufhin standen sie auf, schüttelten sich die Hand, und der Schwarze Ritter stieg aufs Pferd und preschte davon.

»Ein ruhmreicher Sieg, nicht wahr?«, sagte der Weiße Ritter, als er noch immer keuchend näher kam.

»Ich weiß nicht recht«, sagte Alice unsicher. »Ich will gar niemandes Gefangene sein. Ich will eine Königin sein.«

»Das wirst du ja auch, wenn du den nächsten Bach überquerst«, sagte der Weiße Ritter. »Ich will dir nur noch bis zum Waldrand das Geleit geben, damit dir nichts zustößt – und dann muss ich umkehren. Weiter darf ich nämlich nicht ziehen.«

»Vielen Dank«, sagte Alice. »Darf ich Euch behilflich sein den Helm abzunehmen?« – denn das ging offenbar über seine Kräfte. Schließlich hatte sie den Ritter aber doch irgendwie daraus herausgeschüttelt.

»So atmet sichs doch freier«, sagte der Ritter und strich sich mit beiden Händen das zottige Haar zurück und wandte Alice ein sanftes Gesicht mit großen freundlichen Augen zu. Ihr schien es, als hätte sie ihr Lebtag noch keinen so sonderbaren Soldaten gesehen.

Er stak in einer Blechrüstung, die ihm aber nirgends recht passen wollte, und an einem Riemen über seiner Schulter hatte er eine absonderliche Spanschachtel befestigt, mit der Öffnung nach unten, sodass der Deckel hin- und herbaumelte. Alice betrachtete ihn mit großer Neugier.

»Ich sehe schon, dir imponiert meine kleine Schachtel«, sagte der Ritter freundlich. »Ich habe sie selbst erfunden – um darin meine Kleider und Butterbrote aufzuheben. Wie du siehst, habe ich sie verkehrt herum fest gemacht, damit keine Feuchtigkeit hineinkommen kann.«

»Aber die Sachen können dafür herauskommen«, bemerkte Alice sanft. »Seht Ihr denn nicht, dass der Deckel aufgegangen ist?«

»Das ist mir entgangen«, sagte der Ritter mit einem Anflug von Ärger. »Dann ist gewiss der ganze Inhalt herausgefallen. Und ohne Inhalt ist die Schachtel wertlos.« Dabei schnallte er sie ab und wollte sie schon ins Gebüsch werfen, als er anscheinend auf einen neuen Gedanken kam, denn er hängte sie stattdessen sorgfältig an einem Baum auf. »Kannst du dir denken, wozu ich das tue?«, fragte er Alice.

Alice schüttelte den Kopf.

»In der Hoffnung, dass einige Bienen darin ihr Nest bauen – dann hätte ich nämlich den Honig.«

»Aber Ihr habt doch schon einen richtigen Bienenkorb am Sattel hängen – oder doch so etwas Ähnliches«, sagte Alice.

»Ja, und zwar einen sehr guten«, sagte der Ritter missvergnügt, »von der allerbesten Sorte. Aber auch nicht *eine* Biene ist bis jetzt darangegangen. Was du daneben siehst, ist eine Mausefalle. Wahrscheinlich verscheuchen die Mäuse die Bienen – oder die Bienen die Mäuse, ich weiß nicht genau.«

»Ich habe mich auch schon gefragt, wozu die Mausefalle da hängt«, sagte Alice. »Es ist unwahrscheinlich, dass Mäuse auf ein Pferd steigen.«

»Unwahrscheinlich vielleicht«, sagte der Ritter, »aber wenn sie doch kommen, möchte ich lieber nicht überall das Gekrabbel haben. – Siehst du«, sagte er nach kurzem Schweigen, »am besten sorgt man gleich für *alles* vor. Deswegen habe ich meinem Pferd auch Knöchelstreifen angelegt.«

»Wozu dienen sie denn?«, fragte Alice neugierig.

»Sie schützen vor Haifischbiss«, erwiderte der Ritter. »Ich habe sie selbst erfunden. Und jetzt hilf mir auf, ich will dich bis zum Waldrand bringen. Wofür hast du denn diese Platte?«

»Die ist für Mandelkuchen«, sagte Alice.

»Nehmen wir sie doch lieber mit«, sagte der Ritter. »Wir werden sie brauchen können, wenn wir unterwegs Mandelkuchen finden. Hilf mir, sie in den Beutel stecken.«

Daraus wurde ein langwieriges Unternehmen, obwohl Alice den Beutel sehr sorgsam aufhielt, denn der Ritter stellte sich dabei sehr ungeschickt an und bei den ersten zwei oder drei Malen fiel er statt der Platte selbst hinein.

»Sie hat darin kaum noch Platz, verstehst du«, sagte er, als sie endlich untergebracht war, »weil in dem Beutel schon so viele Kerzenhalter sind.« Und damit machte er den Beutel am Sattel fest, der schon hoch bepackt war mit gebündelten Rüben, Schürhaken und vielen anderen Dingen.

»Hoffentlich sind deine Haare auch genügend befestigt?«, fuhr er fort, als sie sich auf den Weg machten.

»Nur auf die gewöhnliche Weise«, sagte Alice mit einem Lächeln.

»Das wird kaum ausreichen«, sagte er besorgt.

»Hier ist nämlich der Wind wirklich sehr stark. So stark wie Suppe.«

»Habt Ihr schon ein Mittel erfunden, damit einem das Haar nicht abgeweht wird?«, erkundigte sich Alice.

»Bis jetzt noch nicht«, sagte der Ritter. »Aber dafür habe ich ein Mittel, damit es nicht ab*fällt*.«

»Das möchte ich gerne wissen«, sagte Alice.

»Zuerst nimmt man einen aufrechten Stecken«, sagte der Ritter. »Dann lässt man das Haar daran hinaufwachsen wie einen Spalierbaum. Denn das Haar fällt ja nur ab, weil es *herunter* hängt – *hinauf* fallen kann ja nichts. Ich habe das selbst erfunden. Du kannst es gerne einmal ausprobieren.«

Sehr bequem klang das nicht, fand Alice, und über diese Erfindung nachsinnend ging sie eine Zeitlang schweigend dahin, wobei sie ab und zu inne hielt und dem Ritter wieder auf die Beine half, denn der war alles andere als ein guter Reiter. Sooft das Pferd stehen blieb (und das tat es sehr häufig), fiel er vorne herunter; und sobald er wieder weiterging (und darin hatte es eine etwas plötzliche Art), fiel er hinten herunter. Ansonsten hielt er sich recht tapfer, außer dass er hie und da seitwärts herunterfiel; und da ihm das im allgemeinen auf der Seite passierte, wo Alice ging, fand sie bald heraus, dass es am besten war nicht allzu dicht neben dem Pferd zu laufen.

»Es sieht so aus, als hättet Ihr nicht sehr viel Übung im Reiten«, wagte sie schließlich zu sagen, als sie ihm nach dem fünften Sturz wieder aufhalf.

Der Ritter zeigte sich sehr überrascht und ein wenig beleidigt über diese Bemerkung. »Wie kommst du denn darauf?« fragte er, als er wieder in den Sattel kletterte, wobei er sich mit einer Hand in Alicens Haaren fest hielt um nicht auf der anderen Seite wieder herunterzufallen.

»Weil man nicht ganz so oft herunterfällt, wenn man viel Übung hat.«

»Ich habe mehr als genug Übung«, sagte der Ritter sehr ernsthaft. »Mehr als genug!«

Alice fiel darauf nichts Besseres ein als »Ach wirklich?«, aber sie versuchte wenigstens es möglichst herzlich klingen zu lassen. Darauf gingen sie ein Stück schweigend ihres Wegs, der Ritter mit geschlossenen Augen und vor sich hin murmelnd und Alice in banger Erwartung vor seinem nächsten Sturz.

»Die große Kunst beim Reiten«, begann der Ritter plötzlich mit lauter Stimme und einer weiten Geste seiner rechten Hand, »besteht darin, sich fest –« und ebenso plötzlich endete der Satz auch schon, denn der Ritter stürzte vornüber und schlug dumpf mit dem Kopf direkt vor Alicens Füßen auf. Diesmal war sie ernsthaft erschrocken und während sie ihn wieder auf die Beine stellte, fragte sie besorgt: »Ihr habt Euch doch nichts gebrochen?«

»Nichts Nennenswertes«, sagte der Ritter, als machten ihm ein paar Knochenbrüche nichts weiter aus. »Die große Kunst beim Reiten, wie gesagt, besteht darin, sich fest im Gleichgewicht zu halten. Siehst du, so –«

Dabei ließ er die Zügel los und streckte beide Arme aus um vorzuführen, was er meinte, und diesmal fiel er platt auf den Rücken, dem Pferd geradewegs unter die Hufe.

»Mehr als genug Übung!«, wiederholte er mehrmals, während Alice ihn wieder aufhob. »Mehr als genug!«

»Das ist doch wirklich zum Lachen!«, rief Alice, die langsam die Geduld verlor. »Was Ihr braucht, ist ein Holzpferd auf Rädern! Das braucht Ihr!«

»Holpern die weniger?«, fragte der Ritter mit sichtlichem Interesse und schlang dabei dem Pferd die Arme um den Hals, gerade noch rechtzeitig um sich vor einem weiteren Sturz zu bewahren.

»Viel weniger als ein echtes Pferd«, sagte Alice und musste loslachen, sosehr sie sich auch zusammennahm.

»Ich muss mir eins besorgen«, sagte der Ritter nachdenklich zu sich selber; »eins oder zwei – mehrere.«

Franz Sales Sklenitzka

Drachen haben nichts zu lachen

*E*rstmals in seinem Leben hatte Ottokar von Zipp in dem
ersten Turnier seines Lebens einen Ritter im Kampf besiegt; niemand Geringeren als den weltberühmten Rosenquarz-Karacho. Der hämmerte voll Verzweiflung mit den
Fäusten auf den Rasen des Turnierplatzes und biss ins
nächstbeste Grasbüschel vor Wut darüber, dass ausgerechnet er gegen den Ritter mit dem kürzesten Namen und
dem dünnsten Schnurrbart verloren hatte.
»Hurra! Hurra!«, schrie hingegen der fahrende Sänger
Archibald Exeter und hüpfte vor Freude auf einem Bein.
Die Zuschauer klatschten laut Beifall und die Tochter des
Herzogs warf Zipp eine Löwenzahnblüte zu.
»Das war großartig!« lobte Archibald und klopfte Zipp
immer wieder auf die Schultern. »Ich hätte es nicht besser
machen können!« Zipp war völlig außer Atem. »Ich kann
nicht mehr!«, keuchte er und verdrehte die Augen. »Die
Rüstung drückt an allen Ecken und Enden!«

Vier Ritter waren nur noch übrig geblieben: Richard Kimberly-Flintstone-Wells, Hartmut von Gibraltar, Silberzahn-Floretto und Ottokar von Zipp.

Inzwischen fielen einige Tropfen vom Himmel. Archibald begab sich eilig zum Buffet. »Ich brauche mindestens vier Gummistoppel, können Sie mir helfen?«, fragte er das Schankmädchen. Das fragte die Wirtin, die eilfertig hinter einem Bierfass hervorkam, als sie den berühmten Besuch erkannte. Sie schenkte Archibald eine ganze Schürze voller Gummiverschlüsse, wie sie damals für Weinflaschen verwendet wurden. Diese Stöpsel ließ Archibald der geduldigen Margarethe von einem rasch herbeigerufenen Hufschmied auf die Unterseite der Hufe kleben, dass sie danach elastisch wie auf dicken Gummisohlen einhertrabte und neugierig auf ihre Beine sah. »Damit«, erklärte Archibald, »wird sie nicht leicht in Schleudergefahr kommen. In England, wo es viel öfter regnet als hier, haben wir bei Turnieren eigene Gummistiefel für Pferde!«

Es begann stärker zu regnen. Viele Ritter blickten besorgt zum Himmel, da ihre Rüstungen nicht ganz rostfrei waren. Die Regenschirme aus Drachenhaut wurden aufgespannt; rote, blaue, grüne, einer nach dem anderen. Manche Ritterfräulein hatten sogar Schirme mit Familienwappen.

Das genügte Zipp. Mit einem Satz sprang er auf. »Ich muss weiterkämpfen! Dieser Anblick! Wenn ich daran denke, wie viele unschuldige Drachen ihr Leben lassen mussten, damit diese eitlen Kühe ihre Schirme auf der Tribüne herzeigen können! Dem muss ein Ende sein!«

Ratsch! Entschlossen klappte Zipp das Visier herunter. Archibald wunderte sich sehr, dass sein Freund wieder so schnell auf die Beine gekommen war.

Zipp wurde gegen Hartmut von Gibraltar ausgelost, einen ausgezeichneten Kämpfer, der aber in den 120 Turnieren seines Ritterlebens (vor allem in Spanien und Nordafrika) noch nie bei Regen angetreten war. Genauso wenig wie sein Pferd. Hartmut von Gibraltar hatte Zipp schon vorhin bei seinem Kampf gegen Rosenquarz-Karacho beobachtet und glaubte ein Rezept gegen den dünnbärtigen Ritter gefunden zu haben. »Eine Madrider Acht«, sagte er sich, »und der komische Linkshänder ist so schrottreif wie seine Rüstung!«

Bei der Madrider Acht muss man das Pferd kurz vor dem Zusammenstoß auf die andere Seite lenken und den Angriff von links führen, wenn ihn der Gegner von rechts erwartet und umgekehrt. Dabei wird auch die Turnierlanze gewendet, ihre Spitze beschreibt eine Acht – daher der Name – und mit dem Ende der Lanze wird zugestoßen.

Ein richtiger Platzregen ging über den Turnierplatz nieder und verwandelte die Sportanlage in eine gefährliche Rutschpiste. Der Herold rief Zipp und seinen Gegner auf. Hartmut von Gibraltar kannte nicht die Heimtücke des nassen Rasens. Er preschte los, dass die feuchten Grasbüschel davonflogen und der Dreck seinem Knappen ins Gesicht spritzte, während sich Margarethe mit dem erschöpften Zipp auf ihrem Rücken vorsichtig auf ihren Gummistöpselhufen vorwärts tastete.

Wenige Zentimeter vor Zipp wollte der Ritter aus Gibraltar sein Pferd elegant zur Madrider Acht herumreißen. Vergeblich! Ritter und Reitpferd schlitterten schwungvoll geradeaus weiter, das Ross glitt aus wie auf Seife und stürzte mitsamt seinem klirrenden Herrn schwer ins nasse Gras, dass es nur so rasselte. Plumps! Hartmut lag auf dem Rücken. Hilflos streckte er die Beine in die Luft, weil sich ein Hüftgelenkscharnier seiner komplizierten Rüstung verklemmt hatte. Verwundert hielt Zipp nach dem besiegten Gegner Ausschau, den er nicht einmal mit der Lanze berührt hatte. Auf ein Zeichen des Herzogs schleppten vier Knappen den unbeweglichen Hartmut von Gibraltar weg, der wie ein Rohrspatz schimpfte und fluchte, zum Glück jedoch in englischer Sprache, sodass ihn kaum jemand verstand. (»Verdammte Schweinerei, das Turnier hätte in die Halle verlegt werden müssen!«, übersetzte Archibald später für Zipp.)

Im zweiten Kampf der fünften Runde zersplitterten sämtliche drei Lanzen des Briten Richard Kimberly-Flintstone-Wells am harten Schild von Sigmund Silberzahn.

Somit hieß der Sieger Silberzahn-Floretto. Er war nun Zipps Gegner im Schlusskampf.

»Das Turnier ist schon so gut wie gewonnen!«, lachte er und nahm seinen prächtigen Silberhelm ab, auf dem sich ein nachgebildeter Backenzahn aus Silber als Helmzier befand. Mittlerweile war die Sonne wieder gekommen und schien warm vom Himmel. Die Regenschirme aus Drachenhaut verschwanden so schnell, wie sie aufgespannt worden waren.

»Mit diesem Würstchen werde ich kurzen Prozeß machen!«, war sich Silberzahn ganz sicher. »Wir haben ohnedies noch eine alte Rechnung offen wegen des Drachens in der Fallgrube! Ich kann mir bereits einen Zahnarzt für meine goldenen Backenzähne suchen!«

Archibald rannte eilig zum Erfrischungszelt.

»Sie wünschen bitte?«, fragte das Schankmädchen am Buffet den fahrenden Sänger. »Wieder Gummistöpsel?«

»Nein, Zitronenlimonade, bitte!«

»Einen Becher?«

»Alles, was Sie noch haben, Fräulein!«

»Wie bitte?«, fragte da die Wirtin erstaunt, die wieder hinter einem Bierfass auftauchte. »Alles? Sie wollen 150 Liter Limonade kaufen?«

»Ganz recht!«, lächelte Archibald höflich. »Wenn Sies bitte in zwei große Fässer füllen würden . . .«

»Ich weiß nicht, ob ich das darf . . .«, zögerte die Wirtin. »Die anderen Herren Ritter wollen doch sicher auch ihren Durst mit Zitronenlimonade . . .«

Archibald schnippte mit den Fingern. »Das lassen Sie nur meine Sorge sein. Sie haben ja noch andere Getränke im Kühlfach. Und hier«, Archibald kniff der Wirtin ein Auge, »ein extra großes Autogramm für Sie von dem berühmten Minnemusiker Archibald Exeter!«

Das genügte. Das Mädchen füllte die Limonade ab, Archibald zahlte und rollte die Fässer in sein Zelt.

»So! Ein Fass für dich, Zipp, und ein Fass für Margarethe! Und was ihr nicht trinken könnt, stellt bitte ins Zelt. Dort bleibt es kühl!«

Fünf Minuten später kam Silberzahn-Floretto zum Erfrischungszelt. »Limonade!«, schnarrte der Ritter und hieb zur Bekräftigung mit der Faust, die noch im metallenen Handschuh steckte, auf den Ausschank, dass es krachte. (Was war er nur für ein ungehobelter Bursche!)

»Tut mir leid, edler Herr«, antwortete die Wirtin und legte die Hand wie einen Schirm über die Augen, weil sie die silberne Rüstung blendete. »Limonade ist aus!«

»So?«, murmelte Silberzahn. »Was gibts sonst noch?«

»Ziegenmilch!«

»Brrr!«

Silberzahn schüttelte sich vor Abscheu.

»Mineralwasser!«

Der Ritter machte eine wegwerfende Handbewegung.

»Lagerbier!«

Silberzahn rümpfte die Nase.

» . . . und natürlich Wein!«

»Na schön«, brummte Silberzahn-Floretto. »Rotwein! Aber vom besten! Ein Gläschen kann kaum schaden.« Er wischte den Eisenbecher der Wirtin mit einer Handbewegung vom Tisch und holte aus einem reichverzierten Sattelzeug einen prächtigen Silberbecher, der gut und gern einen Liter fasste. »Europapokal 1269« stand in schönen gotischen Buchstaben auf dem Gefäß.

»Und für das Pferd? Eine Flasche Mineralwasser?«, fragte die Wirtin.

»Mineralwasser? Für meine edle Bettina-Graziella? Sind Sie toll, gute Frau?«, polterte Silberzahn und tippte sich entrüstet mit dem Finger an die Stirn. »Gebt meinem Ross vom gleichen Rotwein – er schmeckt nicht übel –, aber einen Bottich voll!«

Die Wirtin hatte Bedenken und zeigte auf ein Schild, auf dem zu lesen stand: An Jugendliche, Betrunkene und Pferde darf kein Alkohol ausgeschenkt werden!

»Was mein Pferd trinkt, bestimme ich!«, brauste da der Ritter auf.

Die Wirtin zuckte mit der Achsel und entkorkte einige Zweiliterflaschen, die sie in einen hölzernen Bottich leerte. Bettina-Graziella, Silberzahns Pferd, schnupperte zuerst misstrauisch, aber als ihr der Recke auf die Kruppe klopfte (als ob es seine Köchin wäre) und ihr zurief: »Na los, Bettie, sauf schon, altes Mädchen!«, tauchte sie ihre Zunge in das volle Schaff und schlürfte mit Behagen von dem kühlen Rotwein. Der silberne Ritter Sigmund Silberzahn hatte inzwischen seinen silbernen Silberpokal zum dritten Mal geleert. Weil er schneller trank, als die Wirtin nachfüllen konnte, nahm er einfach seinen Silberhelm vom Kopf und füllte ihn eigenhändig mit Wein um ihn in großen Zügen leer zu trinken. Beinahe müsste man sagen, »leer zu saufen«, denn – ohne Übertreibung – Silberzahn trank nicht langsamer als sein Pferd.

Eine halbe Stunde später standen sich die beiden Nachbarn gegenüber. Es war ein seltsames Bild: Zipp auf der einen Seite, der kurzsichtige Ritter auf einem schwerhörigen Pferd, der dünnbärtige, linkshändige Ottokar von Zipp in seiner Rüstung voller Rostflecken, mit dem altmodischen Kübelhelm, mit dem gebrauchten Schild, auf den die kleine Tochter des Waffenschmiedes das weiße Z gemalt hatte, Zipp mit der einfachen Waffenschürze aus roter Schafwolle, in die Veronika ebenfalls ein weißes Z gestickt hatte. Und auf der anderen Seite der gewaltige Sigmund Silberzahn-Floretto mit seinem gewaltigen schwarzen Schnauzbart, dessen Spitzen sogar noch aus dem geschlossenen Visier ragten; Silberzahn-Floretto in seiner funkelnden neuen Silberrüstung, mit dem silbernen Backenzahn auf dem schwarzen Schild und der schwarzseidenen Waffenschürze. Hier Zipp auf seinem Ackergaul, dort Silberzahn auf seinem kostbaren Turnierpferd. Aber sonderbar: Margarethe, von der Zitronenlimonade gestärkt und erst richtig munter geworden, tänzelte elegant wie ein Araberpferd auf ihrem Platz, während Bettina-Graziella, Silberzahns Roß, nicht sehr sicher auf den Beinen stand. Auch ihr Reiter schwankte leicht hin und her, obwohl kaum ein Lüftchen wehte. Im Zuschauerraum herrschte atemlose Spannung. Die Stille knisterte in Zipps Ohren. Es war so ruhig, dass man eine Drachenschuppe hätte zu Boden fallen hören können.

Aufgeregt kaute die Tochter des Herzogs an ihren Finger-
nägeln.

Plötzlich fiel Silberzahns silberner Helm zu Boden. Der
Ritter selbst kippte, noch ehe der Kampf begonnen hatte,
wortlos vornüber und sank ins zertretene Gras. Der Herzog sprang auf. »Hoffentlich hat er sich nicht übernommen!«, rief er. Auch die anderen Zuschauer standen auf.
Jeder wollte genau sehen, was jetzt geschah.

Hilflos lehnte der starke Recke an seinem edlen Pferd, das
auch in die Knie gegangen war. Den Helm hatte sich
Silberzahn wieder aufgesetzt, aber verkehrt herum. Nun
konnte man auch hören, dass der Ritter in einem fort
rülpste. Jedes Mal, wenn er ein »Hick«, ein »Gulp« oder
ein »Hup« hervorbrachte, schnappte sein Visier schep-
pernd auf und zu. Da konnte auch der Herzog nicht
leugnen, dass der bekannte Silberzahn-Floretto ganz einfach betrunken war. Mit wenigen Schritten war er bei dem
Ritter und riss ihm den Helm vom Kopf.

»Silberzahn!«, herrschte ihn der Herzog an. »Haben Sie
getrunken? Hauchen Sie mich an!«

»Mi-mi-hit Vergnügen, Herr E-Erzbischof«, japste Silberzahn blöd grinsend und blies dem Herzog seinen Wein-
atem ins Gesicht, dass dieser sein herzogliches Taschentuch vors Gesicht riss und sich sein Herzogshut rot be-
schlug. Als die Wolke von Silberzahns Weinhauch in die
Ehrenloge schwebte, lehnten sich die Gäste benommen
zurück.

Der Herzog verzichtete darauf, auch von Silberzahns
Pferd angehaucht zu werden. Er schritt quer über den
Turnierplatz und flüsterte ein paar Worte mit dem
Schankmädchen und der Wirtin, die beide vor Aufregung
rote Ohren bekamen. Dann trat der Herzog, der ja zugleich

auch Schiedsrichter war, in die Mitte des Platzes, pfiff dreimal auf einer goldenen Trillerpfeife und hob den roten Apfel. Das bedeutete Ausschluss für Silberzahn und sein Pferd! Der Herzog zeigte den Apfel nach allen vier Windrichtungen! Ausschluss für den betrunkenen Silberzahn! Der lag lachend am Boden und riss sein Maul weit auf. Aber seine silbernen Backenzähne funkelten nicht mehr. Sie waren vom Rotwein fleckig geworden.

Ein ohrenbetäubender Lärm erhob sich. Beifallklatschen und Bravorufe mischten sich mit schrillen Pfiffen. Mit einer Handbewegung gebot der Herzog Ruhe und verkündete dann: »Sieg und erster Platz für Ottokar von Zipp!«

Stürmischer Beifall schallte von den Bänken zu Zipp hinüber. Archibald war außer sich vor Freude. Er hüpfte, schrie und jodelte vor Begeisterung und schlug einen Purzelbaum nach dem anderen, was damals bei fahrenden Sängern durchaus nicht üblich war. Die Damen warfen Zuckerwerk, Blumen, ja sogar Armreifen und Ohrringe (solche, die ihnen nicht mehr gefielen) in die Arena.

Nachdem sich der Jubel gelegt hatte, begann der Herzog mit seiner Festansprache. »Lieber Zipp«, rief er mit seiner schallenden Stimme und wartete dann nochmals, bis die Ritterfräulein endlich den Mund hielten. »Lieber Zipp! Ihr Bart ist nicht dicht und Ihr Name kurz. Aber Ihr Herz ist mutig! Wenn ich schon nicht Ihren Körper oder Ihren Schnurrbart verlängern kann, so möchte ich das wenigstens bei Ihrem Namen tun. Ab heute sollen Sie« – hier legte der Herzog eine bedeutungsvolle Pause ein – »Zipp-Kübelhelm heißen!«

Großer Beifall setzte ein.

»Darauf«, antwortete Zipp bescheiden und verbeugte sich

vor dem Herzog, »verzichte ich gerne, gnädiger Herr.
Doch habe ich einen Wunsch, der sehr viel schwerer zu
erfüllen ist . . .«

»Ein Wunsch steht dir frei; wenn ich ihn erfüllen kann, will
ich es tun!«, entgegnete der Herzog lächelnd und schlug
ihm auf die Schulter, dass Zipp beinahe in die Knie ging.
Dass der Herzog auf einmal »du« zu ihm sagte, legte Zipp
als besondere Freundlichkeit aus. Darum zögerte er nicht
lange mit seinem Anliegen. »Mit Respekt gesagt«, rief er
und seine Stimme war heiser vor Aufregung, »ich wünsche mir, dass Ihr die Drachenjagden verbietet, für immer
und ewig, damit die letzten Drachen in unseren Wäldern
nicht ausgerottet werden wie die Greife, die Lindwürmer
und die Einhörner, sondern weiterleben und sich endlich
vermehren können!«

Durch die Zuschauer ging ein Wispern und Murmeln.
»Wie bitte?«, fragte der Herzog. »Die Drachenjagden verbieten? Meinen Sie das im Ernst?«

»So wahr und fest ich hier stehe!«, rief Zipp tapfer, obwohl
ihm die Beine zitterten. »Ich bin kein Turnierkämpfer,
gnädiger Herzog, und bei diesem Turnier habe ich Todes-
ängste ausgestanden. Aber ich musste es tun für die Drachen, für die wenigen Drachen, die es noch gibt! Ich musste einfach siegen, damit Ihr mir diesen meinen Herzens-
wunsch erfüllt!«

Das Murmeln unter den Zuschauern wurde lauter und
unwilliger. Es klang wie fernes Donnergrollen. Der Herzog pfiff einmal kurz auf seiner goldenen Trillerpfeife und
gebot Ruhe: »Lasst mich nachdenken!« Der Bursche hat
nicht Unrecht, dachte er bei sich, die Drachen werden
auffallend weniger. Das bedeutet, dass ich am Geburtstag,
Namenstag und Hochzeitstag bald keine gegrillten Dra-

chenzungen mehr speisen kann. Aber für immer und ewig die Drachenjagd verbieten? Dann kann ich überhaupt nie mehr welche essen! Er flüsterte kurz mit der Herzogin.

Da sprang ganz unerwartet Archibald mit seiner Gitarre in die Schranken und hinter ihm – Zipp konnte es kaum fassen – drängte sich Klemens, der junge Kammdrache, durch die Zuschauer und stellte sich neben den Sänger auf die Hinterbeine. Das treue Tier musste von zu Hause ausgerissen und der Spur der Ritter gefolgt sein. Die Zuschauer verstummten auf einen Schlag.

Archibald griff ein paarmal voll in die Saiten und begann mit einer ziemlich schönen Stimme ein ziemlich trauriges Lied anzustimmen: Drach-chen ha-ben nichts zu la-achen, hier-zu-la-an-de, wel-che Scha-an-de . . . Und neben ihm wiegte sich der kleine hellbraune Kammdrache mit den dunkelbraunen Punkten im Takt.

Als Archibald sein schönes, trauriges Lied beendet hatte, war es sehr still. Viele Edeldamen hatten Tränen in den Augen, und mancher Ritter musste sich ein paarmal räuspern.

»Ist er nicht niedlich?«, flüsterte die Tochter des Herzogs gerührt.

»Den kannst du dir gleich aus dem Kopf schlagen!«, zischte die Herzogin deutlich. »Der ist einmal hier, einmal da und nie zu Hause!«

»Aber ich meine doch den Drachen!«, erklärte die Tochter beleidigt.

Der Herzog erhob sich, setzte den mit Hermelinfellen verbrämten, samtenen Herzogshut auf und verkündete: »Der Wunsch des Turniersiegers wird – wie versprochen – erfüllt!« Etwas leiser fügte er hinzu: »Aber nur teilweise!«

Dann setzte er sich wieder hin, nahm den schweren Herzogshut wieder ab und erklärte: »Es dürfen keine Drachen mehr gejagt werden!«

Empört heulten die Ritter auf.

»Das gilt aber nur für die nächsten drei Jahre, bis zum nächsten großen Pfingstturnier!«

Zipp zuckte zusammen. Die Ritter aber atmeten erleichtert auf.

»Unserem Freund und Turniersieger hier aber verleihe ich hiermit einen dritten Namen; ab jetzt soll er Zipp-Kübelhelm-Drachenfreund heißen! Gleichzeitig wird dem Ritter Silberzahn-Floretto wegen Trunkenheit beim Turnier sein erster Name aberkannt. Er hat kein Recht mehr diesen zu verwenden und darf auch keinen silbernen Backenzahn im Wappen führen, da seine silbernen Zähne vom Rotwein fleckig geworden sind. Ab heute heißt er schlicht und einfach Sigmund Floretto!«

Quellenverzeichnis

Kurt Benesch, *Der Schreckenstein* aus: ders., »Sagen aus Österreich«. © Verlag Kremayr & Scheriau, Wien 1983.

Max Bolliger, *Wie Georg den Drachen bezwang* aus: ders., »Wie Georg den Drachen bezwang und 51 weitere Legenden für jede Woche des Jahres«. © Verlag Herder, München, 2. Aufl. 1995.

Robert Bolt, *Auf welche Weise Oblong ein Königlich-Fahrender Ritter wurde* aus: ders., »Der kleine dicke Ritter«. © K. Thienemanns Verlag, Stuttgart-Wien-Bern.

Lewis Carroll, *Alice und der Weiße Ritter* aus: ders., »Alice hinter den Spiegeln«. Übersetzt von Christian Enzensberger. © Insel Verlag, Frankfurt am Main 1974.

Jörn-Peter Dirx, *Wie Ritter Alfons seiner Fredegunde ein Abschiedsständchen bringt* aus: ders., »Ritter Alfons und der Drache«, 5. Kapitel. © Jörn-Peter Dirx.

Kurt Eigl, *Wie Roland in einem Zweikampf seinen Freund Oliver gewann* aus: ders., »Rittersagen«. © Verlag Kremayr & Scheriau, Wien.

Kalle Freynick, *Der Ritter Kunibert* aus: ders., »Minutengeschichten zum Selberlesen und Vorlesen«. © Verlag Langen Müller in der F.A. Herbig Verlagsbuchhandlung GmbH, München.

Roy Gerrard, *Sir Conrad. Eine Ritterballade von Roy Gerrard. In deutsche Verse gebracht von Tilde Michels.* © Verlag Heinrich Ellermann, München 1987.

Josef Guggenmos, *Ritter Rupert der Sampfte.* © Josef Guggenmos.

Sonja Hartl, *Ohne Drachinnen keine Dachrinnen!* © Sonja Hartl.

Erich Kästner, *Der Kampf mit den Windmühlen* aus: ders., »Don Quichotte«. © Atrium Verlag, Zürich 1956.

Klaus Kordon, *Der Ritter im Sack oder Wie man aus einem Heiden einen Christen macht* aus: ders., »Der Ritter im Sack. Alte Märchen, Sagen und Schwänke nacherzählt und neu gesponnen«. © Erika Klopp Verlag, München 1987.

Michail Krausnick, *Der Ritterschlag* aus: ders., »Der Ritter Ullrich«. © Michail Krausnick.

James Krüss, *Pommelot, der unbesiegbare Ritter* aus: ders., »Der fliegende Teppich«. © Verlag Friedrich Oetinger, Hamburg 1976.

Heinrich Ludwig, *Der Ritter Kunzenhackl* aus: ders., »Der Ritter Kunzenhackl und andere Erzählungen«. © Verlag Ludwig Auer, Donauwörth 1978.

Tilde Michels, *Ritter Eisenkorn und das Burggespenst* aus: dies., »Ich und der Ritter Eisenkorn«. © K. Thienemanns Verlag, Stuttgart-Wien-Bern.

Carola Neudert, *Die Geschichte von Linse, die ein Ritter werden wollte.* © Carola Neudert.

Hans Rudolf Niederhäuser, *Wie Peter in die Welt hinauszieht und die Liebe der schönen Magelone gewinnt* aus: »Ritter, Reiter, Gottesstreiter. Aus den Deutschen Volksbüchern neu erzählt von Hans Rudolf Niederhäuser«. © Verlag Freies Geistesleben GmbH, Stuttgart 1977.

Fried Noxius, *Federchen* aus: ders., »Wie der Winter ins Land kam«. © Fried Noxius.

Friederun Reichenstetter, *Der Ritter, der nicht kämpfen wollte.* © Boje Verlag, Erlangen 1993.

Karla Schneider, *Ritter Suppengrün und das süße Geheimnis* aus: dies., »Ritter Suppengrün und das süße Geheimnis«. © Karla Schneider.

Franz Sales Sklenitzka, *Drachen haben nichts zu lachen* aus: ders., »Drachen haben nichts zu lachen«. © Esslinger Verlag F.J. Schreiber GmbH, Esslingen / Wien - Esslinger Edition J&V.

Ursula Wölfel, *Die SALZ-Geschichte* aus: dies., »Eine und sechsundzwanzig ABC-Geschichten«. © K. Thienemanns Verlag, Stuttgart-Wien-Bern.